Ernst von Lasaulx

Der Untergang des Hellenismus

und die Einziehung seiner Tempelgüter durch die christlichen Kaiser

UNIKUM
VERLAG

Ernst von Lasaulx

Der Untergang des Hellenismus

und die Einziehung seiner Tempelgüter durch die christlichen Kaiser

ISBN/EAN: 9783845741079

Erscheinungsjahr: 2012

Erscheinungsort: Barsinghausen, Deutschland

© Unikum-Verlag in meisterstudio agentur für werbung und design GmbH,

Marktstraße 16 A, 30890 Barsinghausen.

Alle Rechte beim Verlag und bei den jeweiligen Lizenzgebern.

www.unikum-verlag.de | info@unikum-verlag.de

Printed in Germany

Bei diesem Titel handelt es sich um den Nachdruck eines historischen, lange vergriffenen Buches. Da elektronische Druckvorlagen für diese Titel nicht existieren, musste auf alte Vorlagen zurückgegriffen werden. Hieraus zwangsläufig resultierende Qualitätsverluste bitten wir zu entschuldigen.

Ernst von Lasaulx

Der Untergang des Hellenismus

und die Einziehung seiner Tempelgüter durch die christlichen Kaiser

UNIKUM VERLAG

DER

UNTERGANG DES HELLENISMUS

UND

DIE EINZIEHUNG

SEINER TEMPELGÜTER

DURCH DIE CHRISTLICHEN KAISER.

EIN BEITRAG ZUR PHILOSOPHIE DER GESCHICHTE

VON

ERNST VON LASAULX.

MÜNCHEN, 1854.

LITERARISCH-ARTISTISCHE ANSTALT

DER J. G. COTTA'SCHEN BUCHHANDLUNG.

Die Pflanzung und das Wachsthum der christlichen Kirche inmitten der sinkenden Staaten des Alterthums ist eine Thatsache, deren Erforschung dem denkenden Beobachter einen tiefen Einblick in die innere Werkstätte des Völkerlebens und die Gesetze seiner Entwicklung gewährt; ja die ihn, falls er dessen fähig ist, über die Welt der Erscheinungen hinaus bis zu den Ursachen und lezten Gründen derselben leitet und, soweit dies dem sterblichen Menschen vergönnt ist, die Plane der göttlichen Weltvorsehung selbst ahnen lässt. Wir erkennen hier deutlicher als in irgend einem andern Momente der uns bekannten Menschengeschichte, dass die innere productive Kraft im Leben des Einzelnen wie der Völker die Religion ist, dass jedes frische menschliche Leben auf dieser Grundlage ruht, dass wo dieser Herd warm, das Leben stark ist, wo er erkaltet, mit ihm das Leben abstirbt, und dass eben darum in allen grossen Kämpfen des Völkerlebens überall da der Sieg, wo die stärkere Energie des religiösen Bewusstseins vorhanden ist. Dass demnach in dem grossen Principienkampfe der ersten Jahrhunderte unserer Zeitrechnung die Religion Christi und seiner unmittelbaren Nachfolger, der christlichen Märtyrer,

über den ihr gegenüberstehenden Hellenisch-römischen
Glauben, dessen Bekennern jener religiöse Heroismus
fremd war, naturnothwendig siegen musste, auch ohne
die politische Hilfe der christlichen Kaiser, wird keiner
bezweifeln, der die geistigen Kräfte jener Kämpfer
unbefangen zu würdigen versteht; denn dass der Starke
den Schwachen, der Junge den Alten, der sittlich
Bessere den sittlich Schlechten, der Gesunde den
Kranken besiegt, ist natürlich; auch dass der Arme
den Reichen bewältigt, der Mindergebildete den Über-
bildeten, ist psychologisch nicht unerklärlich; dass
aber gleichzeitig mit dem Römischen Weltreiche die
christliche Weltkirche gegründet wurde, nach der
Herschaft des Schwertes die Herschaft des Wortes,
nach der äusseren auch die innere Einheit; dass gleichzeitig mit der untergehenden alten Welt und auf
deren Trümmern eine neue sich erhob, mit dem absterbenden Heidenthum das auflebende Christenthum,
aus dem Tode neues Leben, statt der durch die Ver-
schiedenheit der Religionen getrennten Staaten des Alterthums eine durch die Einheit der Religion verbundene
christliche Völkerrepublik: das sind weltgeschichtliche
Thatsachen, deren objective Logik den göttlichen Logos der darin waltet unverkennbar documentirt. Dass
aber auch in diesem Kampfe die Vertheidiger der
guten Sache nicht immer mit guten Mitteln gekämpft
haben, ist freilich ebenso unleugbar; und wir heutige
Menschen des neunzehnten Jahrhunderts, am Vor-
abende einer ähnlichen Katastrophe des europäischen
Lebens wie jene des vierten Jahrhunderts war, werden uns trotz der Erkenntnis seiner inneren Noth-

wendigkeit schwerlich einer mitfühlenden Theilnahme
an dem Untergange des Hellenismus erwehren können. Denn wenn alle menschlichen Schicksale uns
nicht fremd sind, so müssen uns die hellenisch-
römischen, an deren Ende unsere Anfänge anknüpfen,
fast wie ein Vorspiel unserer eigenen anmuthen.

Es ist eine bekannte Erzählung an deren Wahrheit zu zweifeln kein Grund, dass schon der Kaiser
Tiberius auf den Bericht des Pilatus die Absicht gehabt habe, Christum unter die Zahl der Götter aufnehmen zu lassen; was jedoch durch den Römischen
Senat, ohne dessen Zustimmung kein neuer Cultus
eingeführt werden durfte, vereitelt worden ist[1]. Die
Verdächtigungen welche neuere Kritiker gegen diese
Nachricht des Tertullianus als eines christlichen Apologeten vorbringen, sind haltlos, da alle einzelnen
Momente derselben auch durch heidnische Historiker
unterstützt werden. Denn dass Tiberius gegen die
Römischen Götter gleichgültig, der Astrologie ergeben und Fatalist gewesen sei, bezeugt Suetonius
ausdrücklich[2]; gleicherweise Tacitus, dass er dem
Senate nach alter Weise zugestanden habe, den öffentlichen Cultus zu überwachen und darin zu bestätigen

---

[1] Tertullianus Apol. 5. 21. Eusebius Hist. eccles. II, 2. Orosius VII, 4.
Moses Choren. II, 30 p. 138. Syncellus T. I p. 621. Cedrenus
T. I p. 330 f. und p. 336 f. Nicephorus Callistus Hist. eccles. II, 8.

[2] Suetonius v. Tib. 69: circa deos ac religiones negligentior, quippe
addictus mathematicae, persuasionisque plenus, cuncta fato agi.

oder abzuändern wie es ihm gefalle[3]; und dass es
in der That in Rom seit ältester Zeit fester Grund-
satz war: dass ohne ausdrückliche Erlaubnis des
Senates keine anderen als die Römischen Götter, nach
vaterländischer Weise, verehrt, und keinerlei fremde
Culte eingeführt werden durften, bezeugen Cicero
und Livius wiederholt[4]. Religiöse Zusammenkünfte
waren nur insofern erlaubt als die Gesellschaften
welche dieselben feierten als solche anerkannt waren[5]; wer eine neue Religion einführe, heisst es,
wodurch die Gemüther der Menschen aufgeregt würden, solle wenn er den höheren Ständen angehöre,
deportirt, wenn den niederen, hingerichtet werden[6].

---

[3] Tacitus Ann. III, 60: senatus . . numinum religiones introspexit,
libero, ut quondam, quid firmaret mutaretve.

[4] Cicero de Legg. II, 8: separatim nemo habessit deos: neve novos
sive advenas, nisi publice adscitos, privatim colunto. Livius IV,
30, 11: ne qui nisi Romani dii, neu quo alio more quam patrio
colerentur. IX, 46, 7: ne quis templum aramve injussu senatus
dedicaret. XXV, 1, 12: neu quis in publico sacrove loco novo aut
externo ritu sacrificaret. XXXIX, 16, 8. 9: negotium est magistra-
tibus datum, ut sacra externa fieri vetarent . . omnem disciplinam
sacrificandi, praeter quam more Romano, abolerent. Judicabant
enim prudentissimi viri omnis divini humanique juris, nihil aeque
dissolvendae religionis esse, quam ubi non patrio, sed externo ritu
sacrificaretur. Gleicherweise dachte man in dem republicanischen
Athen, wie Josephus Flavius c. Apionem II, 38 ausführlich nach-
weist, und von Rom und Athen Servius ad Ae. VIII, 187 bezeugt: cautum enim fuerat et apud Athenienses et apud Romanos,
ne quis novas introduceret religiones.

[5] Dig. 47, 22. 1: religionis causa coire non prohibentur, dum tamen
per hoc non fiat contra senatusconsultum, quo illicita collegia
arcentur.

[6] Jul. Paulus Sent. rec. V, 21, 2: qui novas et usu vel ratione in-

Warum aber der Römische Senat, der sonst gegen
fremde Culte so tolerant war, jenen Antrag des Tiberius wie die späteren gleichartigen anderer Kaiser
consequent abgelehnt habe, ist unschwer einzusehen,
da die Stellung des Christenthums zur Römischen
Staatsreligion in der That eine ganz andere war als
die aller andern heidnischen Culte. Denn die heidnischen nationalen Religionen liessen sich gegenseitig
gelten, jedes Volk pflegte die Götter des andern als
solche anzuerkennen, und die Römer seit sie auf die
Herschaft der Welt ausgiengen, mussten darum mit
den eroberten Ländern und Völkern auch die Götter
derselben mit aufnehmen. Das Judenthum aber und
das aus ihm hervorgegangene Christenthum liessen
als monotheistische Religionen die polytheistischen
(die πολύθεια μανία[7]) nicht gelten, sondern behaup-
teten die Götter der Völker seien entweder nichtige
Schemen, oder wenn ihnen Realität zukomme, so sei
es nur die böser gefallener Geister, deren Macht bekämpft und vernichtet werden müsse. Das Christenthum also war in Wahrheit innerlich offensiv, das
Heidenthum ihm gegenüber nur äusserlich defensiv,
und die Römischen Senatoren wie die meisten vor-
constantinischen Kaiser handelten nur ihrer politischen Stellung gemäss, und ganz in dem Geiste durch
welchen Rom gross geworden war, wenn sie die religiöse Neuerung, die im Christenthum sich geltend
machte, überall da wo sie offen hervortrat, bekämpf-

---

cognitas religiones inducunt, ex quibus animi hominum moveau-
tur, honestiores deportantur, humiliores capite puniuntur.

[7] Eusebius v. Const. II, 45 p. 382, B.

ten; sie mussten aber freilich in diesem Kampfe zulezt und nothwendig unterliegen, weil sie einem höheren weltgeschichtlichen Recht nur das Römische
Staatsrecht entgegenzusetzen, eine innere geistige Macht
nur mit äusseren materiellen Waffen zu bekämpfen
vermochten.

Politisch aufgefasst, vom Römischen Standpunkte,
nennt Tacitus als Römer die Juden mit Recht ein
den Göttern verhasstes Menschengeschlecht[8]: unter
sich hielten sie hartnäckig zusammen und wären zu
mitleidigem Wohlthun stets bereit, gegen alle andern
aber nährten sie feindlichen Hass[9]; in ihren Religions-
gebräuchen ständen sie allen übrigen Sterblichen entgegen: für Entweihung gelte bei ihnen was andern
heilig, für erlaubt was andern ein Frevel sei[10]. Und
gleicherweise betrachtet er das aus dem Judenthume
entstandene Christenthum (welches ja in der That
nur unter dem Schirme des geduldeten Judenthums,
sub umbraculo licitae Judaeorum religionis, relativen
Schutz fand[11]) als einen verderblichen Aberglauben
(exitiabilem superstitionem) und wirft seinen Bekennern, den Christen, allgemeinen Menschenhass vor
(odium humani generis) d. h. eine allen übrigen entgegengesezte Glaubens- und Lebensweise[12]. Dass

---

[8] Tacitus Hist. V, 3: genus hominum invisum deis.

[9] Tacitus Hist. V, 5: apud ipsos fides obstinata, misericordia in
promptu, sed adversus omnes alios hostile odium.

[10] Tacitus Hist. V, 4: profana illic omnia quae apud nos sacra, rur-
sum concessa apud illos quae nobis incesta.

[11] Tertullianus Apol. 21. Vergl. Ad nat. 1, 11: nos ut Judaicae religionis propinquos.

[12] Tacitus Ann. XV, 44.

dieses nicht eine individuelle Verkehrtheit des Tacitus war, sondern der objectiv Römische Standpunkt dem christlichen gegenüber, beweisen die gleichlautenden Urtheile des jüngeren Plinius und des Suetonius, die fast mit denselben Worten die christliche Religion als einen Wahnsinn (amentiam), einen verkehrten unmässigen neuen und ruchlosen Aberglauben (superstitionem pravam et immodicam, novam et maleficam) bezeichnen, und den Christen selbst Trotz und unbeugsame Halsstarrigkeit (pervicaciam et inflexibilem obstinationem) vorwerfen [13]. Den zu diesem Glauben Übertretenden würde vor allem eingeschärft, die Götter zu verachten, sich loszusagen von ihrem Vaterlande, und Eltern Kinder Geschwister gering zu achten [14]. Zudem warf man ihnen vor:

---

[13] Plinius Epist. X, 97. Suetonius v. Neron. 16. Selbst noch in dem Decrete des Kaisers Maximinus auf der Säule zu Tyrus wurde das Christenthum als eine verfluchte Thorheit, ἐπάρατος ματαιότης, bezeichnet: Eusebius Hist. eccles. IX, 7 p. 288, D. und p. 289, D.

[14] Tacitus Hist. V, 5: transgressi in morem eorum . . nec quidquam prius imbuuntur quam contemnere deos, exuere patriam, parentes liberos fratres vilia habere. Hierin zeigt sich wol, wie W. A. Schmidt in seiner Gesch. der Denk- und Glaubensfreiheit p. 160 f. mit Recht bemerkt, eine Verwechslung jüdischer und christlicher Elemente. Der zuletzt angeführte Ausspruch knüpft sich offenbar an die Worte Jesu bei Matth. 19, 29 und Marc. 10, 29 f. Übrigens kamen in der That dergleichen Übertritte von dem Römischen zum Jüdischen Gesetz nicht selten vor, wie die wiederholten unwilligen Klagen Römischer Schriftsteller beweisen: Juvenalis XIV, 100 f. verglichen mit Josephus Flavius Ant. Jud. XVIII, 3, 5, und der bittere Ausspruch Senecas bei Augustinus C. D. VI, 11: usque eo sceleratissimae gentis consuetudo convaluit, ut per omnes jam terras recepta sit; victi victoribus leges dederunt.

sie seien eine für das bürgerliche Leben untaugliche, lichtscheue Menschenart, öffentlich stumm, in Winkeln geschwätzig, Menschen die mit ungebundener Freizüngigkeit immer die gegenwärtigen Zeiten tadeln[15], indem „sie das Reich erwarten"[16], d. h. wie die Heiden meinten, auf den Untergang des Römischen Reiches hofften: lauter Vorwürfe die, vom Römischen Standpunkte betrachtet, theils wirklich begründet, theils unvermeidliche Misverständnisse wa-

---

[15] Tertullianus Apol. 42: infructuosi in negotiis dicimur.   Minucius Felix in Octav. 8: latebrosa et lucifuga natio, in publico muta, in angulis garrula. Flavius Vopiscus in v. Saturnini 7 (T. II. p. 719): quibus praesentia semper tempora cum enormi libertate displicent. Wie die Christen selbst ihren Zustand schildern, zeigt der schöne Brief an Diognetus c. 5. 6. p. 235 f. in Tzschirners Fall des Heidenthums p. 223: »Die Christen, heisst es dort, unterscheiden sich weder durch ein besonderes Vaterland, noch durch eine besondere Sprache, noch durch eigenthümliche Volkssitte von anderen Menschen. Sie wohnen in griechischen und barbarischen Städten, wohin jeden das Schicksal führt, und indem sie der Landessitte in Kleidung, Speisen, Lebensart folgen, bilden sie dennoch eine besondere Gesellschaft: sie wohnen in ihrem Vaterlande, wie Miethsleute; sie tragen als Staatsbürger alle Lasten, und werden wie Fremde behandelt: jede Fremde ist ihnen Vaterland, jedes Vaterland eine Fremde. Sie lieben alle und werden von allen verfolgt; man kennt sie nicht und verurtheilt sie doch; sie werden geschmäht und segnen; ob sie gleich Gutes thun, werden sie wie Übelthäter bestraft; freuen sich aber der Bestrafung, weil sie zum Leben führt. Um alles mit einem Worte zu sagen: was die Seele im Leibe ist, das sind die Christen in der Welt, über alle Städte der Erde ausgebreitet wie die Seele über den ganzen Körper: und wie die unsterbliche Seele in einer sterblichen Hülle wohnt, so wohnen auch sie im Vergänglichen und erwarten das Unvergängliche.«

[16] Justinus Martyr Apol. 1, 11 p. 49. B: ἀκούσαντες βασιλείαν προσδοκῶντας ἡμᾶς.

ren. Diese zu widerlegen wurde den christlichen Apologeten allerdings leicht, sie hatten den Hellenismus aus ihren Herzen ausgerottet und den neuen Glauben mit ungetheiltem Gemüthe in sich aufgenommen; den Römern aber musste es sehr schwer werden, diese Widerlegung auch nur zu verstehen, geschweige denn sie anzuerkennen, indem diese Anerkenntnis zugleich das Aufgeben alles dessen involvirte, was ihnen von Jugend auf lieb, was mit ihrer ganzen Gefühls- und Denkweise zusammengewachsen war, und was sie nicht aufgeben konnten, ohne aufzuhören Römer zu sein. Die christlichen Schutzredner, die von Geburt selbst Heiden gewesen, haben dies ohne Zweifel wol gefühlt, und haben sich darum, je mehr die Form der Römischen Staatsverfassung eine despotische geworden, worin der Wille des jeweiligen Herschers in lezter Instanz der entscheidende war, in ihren Apologien direct an diese Kaiser selbst gewendet, um deren persönliches Interesse für ihre christlichen Unterthanen zu gewinnen. Die beiden Hauptanklagen gegen uns, sagen sie, lauten dahin, dass man uns der Religionsverachtung und der Majetätsbeleidigung beschuldigt, weil wir sowol den öffentlich anerkannten Göttern, als auch euch Kaisern die schuldige Ehrfurcht versagen, indem wir uns weigern zu den Göttern zu beten und für euch Kaiser zu opfern. Wir aber rechtfertigen uns damit dass wir beweisen: euere Götter seien keine Götter, und statt der falschen verehren gerade wir den wahren Gott; euch Kaisern aber erweisen wir jede schuldige Ehrfurcht, nur keine abergläubische,

da der politische Aberglaube ebenso verwerflich ist
als der religiöse [17]. Einer nur ist es, der die Welt
durch sein Wort regiert, und der darum nicht gesehen, nicht begriffen, nicht gefühlt werden kann,
weil er zu hell für unser Gesicht, zu fein für unsere
Sinne, zu gross für unser Gefühl ist; so dass wir ihn
nur dann richtig schätzen, wenn wir ihn für un-
schätzbar halten. Welchen menschlichen Tempel aber
könnte dieser Gott haben, dessen Tempel das ganze
Weltall ist? nur im Geiste des Menschen kann sein
Bild aufgestellt und geweiht werden [18]. Auch wir
Christen, ihr Kaiser, beten für euere Herschaft, dass
der Sohn vom Vater wie es recht und billig ist die
Regierung übernehme, und dass Mehrung und Zu-
gabe erhalte euere Herschaft indem alle sich ihr
unterwerfen [19]. Auch wir rufen für euer Wohl den
ewigen wahren und lebendigen Gott an; wir alle
beten immerdar für alle Kaiser, ihr Leben möge lang-
dauernd, ihre Herschaft unerschüttert, ihr Haus ge-
sichert, ihre Heere tapfer, der Senat getreu, das Volk
rechtschaffen, der Erdkreis gefriedet sein, und was
immer sonst der Mensch und der Kaiser sich wünschen mag. Wir Christen sind zu diesen Gebeten
für die Kaiser, ihre Statthalter und den allgemeinen
Frieden dringender als alle andern aufgefordert, weil
wir wissen dass die dem ganzen Erdball bevorste-
hende Katastrophe und die furchtbaren Bitterkeiten

---

[17] Tertullianus Apol. 10: sacrilegii et majestatis rei convenimur. summa haec causa, immo tota est.

[18] Cyprianus De idolorum vanitate p. 227.

[19] Athenagoras Leg. pro Christ. 37 p. 313, C.

welche das drohende Ende der Welt begleiten, durch
die Fortdauer des Römischen Reiches aufgeschoben
werden [20]. Der Christ ist keines Menschen Feind, am
allerwenigsten des Kaisers, von dem er weiss, dass
er von Gott eingesetzt ist, und den er darum nothwendig auch lieben und verehren, und dessen sowie
des ganzen Römischen Reiches Wohl so lange die
Welt dauert (denn so lange wird es bestehen) er
wünschen muss [21]. Bedenket zudem ihr Kaiser, sagt
derselbe Tertullianus um das Jahr 198, dass beinahe
in allen Städten fast alle Bürger Christen sind [22]: so
dass es wahrlich keine allzugrosse Nachgiebigkeit
wäre, auch unsere Secte unter die erlaubten zu zäh-
len [23]. Ja sehet zu ob das nicht auf ein Gutheissen
der Irreligiosität hinausläuft, wenn man einem die
Freiheit der Religion entzieht und die freie Wahl
der Gottheit untersagt, so dass es mir nicht erlaubt
sein soll zu verehren wen ich will, sondern ich
gezwungen werden soll zu verehren wen ich nicht

---

[20] Tertullianus Apol. 30. 32. 39. Die schöne Formel: vitam illis
prolixam, imperium securum, domum tutam, exercitus fortes, sena-
tum fidelem, populum probum, orbem quietum, et quaecunque ho-
minis et Cæsaris vota sunt: klingt ganz so als wäre sie einem
heidnisch-römischen Gebete entlehnt oder nachgebildet; sie sollte
dem Kaiser beweisen, dass seine christlichen Unterthanen ebensowol
für sein Wohl beteten als die heidnischen.

[21] Tertullianus Ad Scapulam 2.

[22] Tertullianus Apol. 37: nunc enim pauciores hostes habetis prae
multitudine Christianorum paene omnium civitatum, pæne omnes
cives Christianos habendo: was übrigens jedenfalls übertrieben ist.

[23] Tertullianus Apol. 38: proinde nec paulo lenius inter licitas factio-
nes sectam istam deputari oportebat.

will. Während man allen andern erlaubt die Gottheit auf ihre Weise zu verehren, werden wir Christen allein gezwungen, keine eigene Religion zu haben: denn, sezt er mit Bitterkeit hinzu, bei euch darf
gesezlich alles verehrt werden, nur nicht der wahre
Gott[24].

Viel mehr aber als alle diese Argumente haben
ohne Zweifel die Märtyrer dem Christenthume genützt
und die Anerkennung und Achtung seiner Gegner
erzwungen. In ihnen ist nach dem Ausdrucke des
Augustinus gleichsam Christus selbst unter den Heiden
auferstanden um sie zum Glauben zu führen[25]. Der
Enthusiasmus womit diese Männer in den Tod giengen,
hat die Römischen Statthalter am meisten frappirt
und ihnen eine unwillkürliche Achtung eingeflösst vor
dem Glauben der solches hervorbrachte. Als der
Römische Statthalter Arrius Antoninus in Asien eine
anhaltende Verfolgung angeordnet hatte und die Christen freiwillig massenweise vor seinem Richterstuhle
erschienen waren, konnte er nicht umhin sie mit den
Worten anzureden: Unglückliche, wenn ihr sterben
wollt, so habt ihr ja Felsen und Stricke![26] Wir siegen
allein indem wir getödet werden: Kreuziget, foltert,
verurtheilt, zerstampfet uns, unsere Unschuld ist der
Beweis euerer Ungerechtigkeit. So oft ihr uns ab-
mähet, mehrt sich unsere Zahl, denn ein guter Same

---

[24] Tertullianus Apol. 24.

[25] Augustinus in Ps. 43, 22 T. IV, 1 p. 283, C. Vergl. auch die
vortrefflichen Gedächtnisreden auf die Märtyrer von Maximus Taurinensis Serm. 83 ff. p. 623 ff.

[26] Tertullianus Ad Scapulam 5.

ist das Blut der Christen [27]. In der That Männer
der Art hinrichten hiess nur mit dem Schwerte ins
Feuer schlagen, es blieb gar nichts anderes übrig
als sie ruhig ihre Wege gehen zu lassen. Viele Römischen Statthalter denen diese Processe zuwider waren,
suchten darum den Angeklagten auf alle Weise durch-
zuhelfen: Cincius Severus gab selbst den Christen
die Art an, wie sie antworten sollten um entlassen
zu werden; Vespronius Candidus entliess einen Christen gleich als wäre er ein Aufrührer, um die Bürger
zu beschwichtigen; Asper hielt einen andern, der nur
wenig gefoltert sogleich abfiel, gar nicht mehr an
zu opfern, indem er bereits vorher erklärt hatte, dass
ihm der ganze Process zuwider sei; Pudens entliess
einen ihm zugeschickten Christen sogleich, indem er
die Anklageschrift zerriss und erklärte, er werde wie
das Mandat verlange niemanden verhören, wenn nicht
der Ankläger selbst zugegen sei [28]. Unter diesem

---

[27] Tertullianus Apol. 50: vicimus cum occidimur .. cruciate, torquete,
damnate, atterite nos. probatio enim est innocentiae nostrae iniqui-
tas vestra .. plures efficimur quoties metimur a vobis, semen est
sanguis Christianorum. Ad Scapulam 5: crudelitas vestra gloria
est nostra .. nec tamen deficiet haec secta, quam tunc magis aedi-
ficari scias, cum caedi videtur. Augustini Sermo 22, 4 T. V
p. 83, D: sparsum est semen sanguinis, surrexit seges ecclesiae,
und schon die Epist. ad Diognetum 7 p. 237, D: οὐχ ὁρᾷς ὅσῳ
πλείονες κολάζοντες, τοσούτῳ πλεονάζοντας ἄλλοις; Ein sehr
anschauliches Bild, wie es bei jenen Processen zugieng und dass
gegen Männer der Art jede feindselige Legislation ohnmächtig
war, geben die Acta Proconsularia Cypriani in Ruinart's Acta
martyrum p. 188 ff., ferner die Passio Agaunensium martyrum ib.
p. 243, und die Acta Maximiliani martyris p. 264 der Voroneser
Ausg. vom J. 1731.

[28] Tertullianus Ad Scapulam 4.

Mandate ist ohne Zweifel das bekannte des Trajanus
zu verstehen, worin den kaiserlichen Statthaltern befohlen war: sie sollten die Christen nicht aufsuchen
lassen; wenn sie ihnen aber angezeigt und überwie-
sen würden, so sollten sie dieselben bestrafen, so jedoch, dass wer Christ zu sein leugne und dies dadurch bethätige dass er den Göttern opfere, wegen des
Vergangenen ungestraft ausgehe; auch solle anonymen
Anklagen keine Folge gegeben werden [29]: woraus klar
hervorgeht, Trajanus habe durch dieses Mandat die
Christen auf alle Weise geschont wissen wollen, soweit es nach den bestehenden Gesezen möglich war.
Ja es ist, hiemit übereinstimmend, ausdrücklich überliefert, dass als Tiberianus, Praefect von Palaestina, an
den Kaiser berichtete, es sei mit der Todesstrafe
nichts mehr ausgerichtet, da die Christen selbst freiwillig der Strafe sich darböten, Trajanus ihm und
den übrigen Praefecten befohlen habe, alle Verfolgungen einzustellen [30].

In das Einzelne dieser Verfolgungen einzugehen
ist nicht dieses Ortes; es genügt die Bemerkung des
Origenes zu wiederholen, dass vor der blutigen Verfolgung des Decius (249—251) verhältnismässig nur
wenige und leicht zu zählende Opfer für den christlichen Glauben zeitweise gefallen seien [11]. Von Ha-

---

[29] Plinius Epist. X, 98. Vergl. X, 43.

[30] Johannes Malalas Chronogr. p. 273 und aus ihm Suidas v. Τραϊανός
p. 1193.

[31] Origenes Adv. Celsum III, 8 p. 452, D: ὀλίγοι κατὰ καιροὺς καὶ
σφόδρα εὐαρίθμητοι περὶ τῆς Χριστιανῶν θεοσεβείας τεθνήκασι.

drianus, der in alle Mysterien eingeweiht war[32], und
von Alexander Severus wird berichtet, auch sie hätten
Christum unter die Götter aufnehmen und ihm Tempel wollen errichten lassen; die heidnischen Priester
aber hätten ihnen vorgestellt, dass wenn diess geschehe,
Alle Christen werden und die Göttertempel leer stehen
würden[33]. Alexander Severus selbst, dessen Mutter
Mammaea den Unterricht des Origenes genossen
hatte[34], verehrte in seiner Hauscapelle Abraham und
Christus, Orpheus und Apollonius von Tyana[35];
und der Kaiser Carinus (283—284) soll von einer
bösen Krankheit, gegen die er sonst vergeblich Hilfe
gesucht, durch das Gebet zweier christlichen Ärzte,
Kosmas und Damianus, in auffallender Weise geheilt,
sofort befohlen haben, die Christen nirgendwo mehr
zu verfolgen, noch in der Ausübung ihres Glaubens
zu stören[36]. Zwei Decennien später aber erliess, aus
unbekannten Ursachen, Diocletianus im neunzehnten
Jahre seiner Regierung am 24. Febr. 303 ein Edict
worin befohlen wurde: die christlichen Kirchen bis
auf den Grund abzutragen und ihre heiligen Bücher
dem Feuer zu übergeben; die Christen, welche Staats-

---

[32] Tertullianus Apol. 5: curiositatum omnium explorator. Oracula
Sibyllina VIII, 56 und X, 169: οὗτος καὶ μαγικῶν μυστήρια
πάντα καθέξει ἐξ ἀδύτων.

[33] Aelius Lampridius in v. Alex. Sev. 43.

[34] Eusebius Hist. eccles. VI, 21. Orosius VII, 18. Leo Grammaticus Chronogr. p. 74. Zonaras XII, 15 p. 574. Cedrenus I p. 450.
Michael Glycas p. 453. Nicephorus Callistus V, 17.

[35] Aelius Lampridius in v. Alex. Sev. 29. Tillemont Hist. des empereurs III p. 163 f.

[36] Joh. Malalas Chronogr. p. 305.

ämter bekleideten, sollten derselben entsezt werden, die im Hausdienste befindlichen Sklaven aber, wenn sie im Bekenntnis des Christenthums verharrten, unfähig sein freigelassen zu werden. Bald darauf befahl er durch ein zweites Edict, alle Kirchenvorsteher überall zuerst in Fesseln zu legen und dann auf jede Weise zum opfern zu zwingen[37].

Der Kaiser aber auf dessen Befehl diese lezte und blutigste neunjährige Christenverfolgung stattfand, gab zulezt sich selbst den Tod, nachdem er selbst die Eitelkeit aller seiner Bestrebungen, den Umsturz der ganzen Staatsordnung die er zu begründen vermeinte, und die feierliche Anerkennung dessen was er ausrotten wollte, erlebt hatte. Er starb durch Hunger, oder Herzensangst, oder Gift[38]. Gerade in den scheuslichen Metzeleien dieser Verfolgung war vor aller Welt Augen die grosse Zahl und der unerschütterliche Glaubensmuth der damaligen Christen, und ihnen gegenüber die gänzliche Ohnmacht jeder feindseligen Legislation offenbar geworden: man musste von der Verfolgung abstehen und gewähren lassen, was nicht zu ändern war; denn Dutzende oder

---

[37] Eusebius Hist. eccles. VIII, 2 p. 240, C. Vergl. Ruinarti Acta martyrum p. 313. 338. Die romanhafte Art, wie neuerlich J. Burckhardt in dem Buche über die Zeit Constantins p. 327 ff. diese ganze Diocletianische Verfolgung der Christen zu motiviren versucht hat, ist in hohem Grade widerlich.

[38] Aurelius Victor Epit. 54: morte consumtus est per formidinem voluntaria . . venenum dicitur hansisse; und Lactantius De mort. persec. 42: fame atque angore confectus est. Tillemont Hist. des empereurs IV p. 54.

auch Hunderte kann Einer hinrichten lassen, aber
die bessere Hälfte der ganzen Bevölkerung, einer
Religion wegen, welche allein den mannigfachen
Leiden des menschlichen Lebens gewachsen, auch
die Schrecken des Todes überwunden hat, das geht
über die Macht jedes, auch des mächtigsten Despo-
ten; deren keinem es noch, wie Seneca dem Nero
sagte, gelungen ist seinen Nachfolger hinrichten zu
lassen. Wenige Jahre nach dem Rücktritte Diocle-
tians erliessen daher dessen Nachfolger, die Im-
peratoren Galerius, Constantinus, und Licinius im
April des Jahres 311 das erste Toleranzedict, des Inhaltes [39]: es sei zwar ihr Wille gewesen nach den
altrömischen Gesezen alles wiederherzustellen und
Vorsehung zu treffen, dass auch die Christen, die
den Glauben ihrer Väter verlassen hätten — der be-
ständige Vorwurf der Heiden gegen die Christen [40] —
zu der guten Sinnesart zurückkehren möchten. Da
sie aber gesehen hätten, dass dadurch Viele in Gefahr und Bestürzung gerathen, und die Christen
dennoch auf ihrem Vorsatze beharrend, weder den
Römischen Göttern die schuldige Verehrung, noch
auch dem Gotte der Christen ihre Ehrerbietung dar-
brächten [41]: so hätten sie geglaubt ihre Gnade auch

---

[39] Lactantius De mort. persec. 34 und Eusebius Hist. eccles. VIII, 17.

[40] Dass sie τῶν πατρίων θεῶν ἀποστάται seien: Eusebius Demonstr.
Ev. I, 1 p. 11, 4 Gaisf. wie es ja auch später noch die wolbegrün-
dete Entschuldigung der Heiden gegen die Zumuthungen der Christen
war: durum est nobis traditionem parentum relinquere:
Augustinus Epist. 93, 2 T. II p. 175. B.

[41] Nicht als ob die Christen von ihrem eigenen Glauben abgefallen.

auf diese ausdehnen zu sollen, damit sie wieder
Christen sein und ihre Versammlungshäuser wieder
aufbauen dürften, vorausgesezt, dass sie nichts gegen die Römische Staatsordnung unternähmen.

Vereinzelt aber kamen auch nach diesem Dul-
dungsdecrete gegen die Christen und ihren Glauben
nicht blos öffentliche Verhöhnung, sondern auch
blutige Excesse immer noch vor; in denen sich auf
Seite der Verfolgten derselbe den Tod herausfordernde
Enthusiasmus zeigt, der uns überall in den Anfängen
der neuen Religion und der aussergewöhnlichen Kräfte
die darin thätig waren, charakteristisch entgegentritt.
Als einst während dieser Tage unter der Regierung
des Licinius in einem Lustspiele im Theater zu Heliopolis in Phoenicien der Mime Gelasinus, mit weis-
sen Kleidern angethan, in eine grosse Butte voll
lauwarmen Wassers geworfen wurde, zur Belustigung
der Zuschauer und zur Verhöhnung der christlichen
Taufe, erklärte er nach Empfang dieser Taufe vor
allem Volke: dass er von nun an nicht mehr auf
der Bühne auftrete; denn ich bin, sagte er, ein Christ
geworden und werde, nachdem ich in dem Taufbade
die furchtbare Macht Gottes geschaut habe, auch als
Christ sterben. Worauf ihn der rasende Pöbel sofort
auf der Bühne steinigte[12].

wären, wie J. Burckhardt am angef. Orte p. 332 diese Stelle versteht, sondern wie der Zusammenhang klar lehrt: weil den Christen, die den heidnischen Göttern nicht opfern wollten, die christliche Verehrung ihres Gottes unmöglich gemacht war. Die schie-
lende Zweideutigkeit des ganzen Erlasses ist allerdings eine ab-
sichtliche.

[12] Johannes Malalas Chronogr. p. 314 f. und Chronicon Paschale

Im folgenden Jahre 312 besiegte Constantinus
bei der Milvischen Brücke den Maxentius. Die viel-
besprochene Erzählung von dem Zeichen des Kreuzes
mit der Inschrift: durch dieses siege: mag hier un-
erörtert bleiben, obgleich sie keineswegs auf der
blossen Versicherung des Kaisers und auf dem Zeu-
gnisse christlicher Kirchenväter beruht, sondern auch
von heidnischen Schriftstellern erwähnt wird [43]; her-
vorheben aber will ich etwas anderes, was meines
Wissens bisher unbemerkt blieb, und worin ich
einen jener merkwürdigen Fingerzeige zu erkennen
glaube, die überall in den grossen Katastrophen
des Völkerlebens, in denen das Gewebe der Geschichte
durchsichtig wird, aus der Gegenwart in die Zukunft
weisen. Wie nemlich der Sieg Caesars über Pom-
pejus in der Schlacht von Pharsalus d. h. des neuen
Kaiserthums über die altgewordene Republik, vorzüglich durch die Hilfe der Germanischen Reiter im
Heere Caesars entschieden worden ist [44]; so auch der
Sieg Constantins über Maxentius, des christlichen
Kaiserthums über das heidnische, nur durch die
Germanischen Gallischen und Brittischen Truppen
im Heere Constantins [45] d. h. durch die Hilfe der-

---

p. 513. Vergl. was die Kraft der Charisma's betrifft, die hiemit
ganz ähnliche Erzählung des Augustinus Confess. IV, 4.

[43] Eusebius v. Const. I, 28 ff. Nazarius in dem 321 gehaltenen
Panegyricus in Const. 14. 15. Vergl. Hug's Denkschrift zur Eh-
renrettung Constantins, in der Zeitschrift für die Geistlichkeit des
Erzbisthums Freiburg III p. 52 ff. und Arendt in der Tübinger
theolog. Quartalschrift 1834 p. 393 f.

[44] Florus IV, 2, 5. 48.

[45] Zosimus II, 15, 2.

jenigen Völker, auf deren Gedeihen die der Römischen folgende Culturperiode Europas beruhte, denen
die Fortsetzung der Römerherschaft in der germanisch-
christlichen Weltperiode anvertraut war, und die damals schon, inmitten des absterbenden Lebens der
alten Welt, die Wahrheiten der christlichen Religion
in ihre noch ungeschwächte wachsende Lebenskraft
aufgenommen hatten [46].

Unmittelbar nach diesem Siege erliessen Constantinus und Licinius aus Rom im J. 312 ein zweites
vollständiges und umfassendes Toleranzedict zu Gunsten der Christen [47]. Leider ist dessen Formulirung
nicht erhalten, so dass sich sein Inhalt nur vermuthen
lässt nach der Fassung der mit ihm conformen Erlasse des Jovius Maximinus. Dieser nemlich hatte
zuerst verfügt: dass wenn ein Christ aus freier Überzeugung zu dem Cultus der Götter zurückkehren
wolle, man ihn willig aufnehmen; wenn aber nicht,
ihn nicht weiter beunruhigen, sondern seiner Nei-

---

[46] Sozomenus II, 6.

[47] Eusebius Hist. eccles. IX, 9 p. 294, C: ἄμφω μιᾷ βουλῇ καὶ
γνώμῃ νόμον ὑπὲρ Χριστιανῶν τελεώτατον πληρέστατα διατυ-
πούνται. Wie sehr Constantinus unmittelbar nach diesem Siege
beiden Parteien, den Heiden wie den Christen, sich anzubeque-
men suchte, beweist auch die Inschrift auf dem Triumphbogen
den ihm Senat und Volk wegen dieses Sieges hatten errichten
lassen. Die Inschrift lautet gegenwärtig dahin: Flavius Constantinus habe über den Tyrannen und seine Partei gesiegt auf Ein-
gebung der Gottheit, instinctu divinitatis; aber unter diesen
Worten steht als frühere Lesart: auf den Wink des höchsten und
besten Jupiters, nutu Jovis o. m. Orelli Inscr. Lat. No. 1075
und Burckhardt am angef. Orte p. 363.

gung überlassen solle[48]; und da diese Fassung zu
mehrfachen Misdeutungen Anlass gegeben, sodann
durch einen zweiten Erlass folgendes bestimmt: damit in Zukunft alles Mistrauen und jede Zweideutigkeit wegfalle, solle hiemit jedermann kundgegeben
werden, dass allen, welche der christlichen Religion
folgen wollten, die freie Ausübung dieser Religion
gestattet sein solle; dass es fortan den Christen erlaubt sein solle, ihre Kirchen wieder aufzubauen;
und dass endlich, wenn die Christen vordem Häuser
oder Grundstücke besessen hätten, die ihnen in Folge
früherer Edicte entzogen worden und in fiscalischen
oder städtischen Besitz übergegangen seien, diese
sämmtlich den Christen als ihr vormaliges Eigenthum
zurückgegeben werden sollten[49]. Und hierauf endlich
erliessen am 13. Juni des Jahres 313 Constantinus
und Licinius folgendes seinem Wortlaute nach er-
haltene, in Mailand verabredete, in Nikomedien publi-
cirte dritte Edict über die freie Ausübung der christlichen Religion im Römischen Reiche[50]: Da sie längst
erkannt hätten, dass die Freiheit der Religion nicht
zu wehren, und deren Ausübung der Einsicht und
dem Willen eines jeden zu überlassen sei, so hätten
sie schon früher befohlen: dass wie jedem andern,
auch den Christen gestattet sein solle, den Glauben
ihrer Religion beizubehalten. Da aber diese Erlaubnis an viele und verschiedene Bedingungen geknüpft

---

[48] Eusebius Hist. eccles. IX, 9 p. 295, D. 296, A.

[49] Eusebius Hist. eccles. IX, 10 p. 298, A. B.

[50] Lateinisch bei Lactantius De mort. persec. 48 und Griechisch bei
Eusebius Hist. eccles. X, 5.

gewesen, so habe es sich vielleicht getroffen, dass
durch eine also beschränkte Ausübung der Religion
Manche seien zurückgestossen worden. „Als wir darum, ich der Kaiser Constantinus und ich der Kaiser Licinius, glücklich in Mailand zusammengekom-
men, und alles was die öffentliche Wolfahrt und Si-
cherheit betrifft, in Berathung genommen, haben wir
vor allem dasjenige ordnen zu sollen geglaubt, was
die Verehrung der Gottheit betrifft: so dass wir sowol den Christen als allen andern die Freiheit gaben, derjenigen Religion zu folgen, die ein jeder
wolle und für die ihm angemessenste erachte, damit
wer immer auch die Gottheit ist im Himmel, sie uns
und allen unseren Unterthanen versöhnt und gnädig
sei" [51]. Alle früheren dieser zuwiderlaufenden Verordnungen sollten hiemit aufgehoben sein, „denn es
ist offenbar der Ruhe unserer Zeiten angemessen, dass
ein jeder die Freiheit habe zu wählen und zu verehren welche Gottheit er wolle, und dass hiebei keinerlei Art von Gottesverehrung ausgeschlossen sei".

---

[51] Gleicherweise heisst es in einem alten im J. 313 gehaltenen Panegyricus auf Constantinus den Gr. (Incerti Panegyr. VIII, 26
p. 548 ed. Jæger): Wir flehen zu dir höchster Urheber aller Dinge,
dessen Namen so viele sind als du den Völkern Zungen gegeben
hast, ohne dass wir wissen, welchen Namen dein eigener Wille
verlangt; es sei nun in dir eine göttliche Kraft und Intelligenz,
durch welche du in die ganze Welt ergossen, dich mit allen Ele-
menten vermischest und ohne irgend eine Kraft von aussen dich
selbst bewegest; oder du seist eine Macht über allen Himmeln
und schauest auf dieses dein Werk aus einer höheren Burg her-
nieder: wir bitten und flehen zu dir, dass du uns diesen Fürsten
auf ewig erhaltest.

Ausserdem habe man in Betreff der Christen insbesondere für gut befunden zu beschliessen: dass ihnen ihre vormaligen Versammlungshäuser und was sie sonst an Grundstücken besessen, die, nach früheren Edicten in den Besitz des Fiscus oder wessen immer übergegangen seien, sofort und unentgeldlich zurückgegeben werden sollten, und dass wenn die dermaligen Besitzer deshalb eine Vergütung ansprechen wollten, sie sich dieserwegen an die kaiserlichen Statthalter wenden könnten.

Der Wortlaut dieses Edictes gieng weit über die blose Anerkennung der christlichen Religion hinaus, und schien allgemeine Religionsfreiheit zu proclamiren; es zeigte sich aber sehr bald, dass damit in der That nur die freie Ausübung der christlichen Religion gemeint war, und dass diese, einmal freigegeben und als politisch gleichberechtigt anerkannt, ihrer Natur nach nothwendig über das Erreichte hinaus zur Alleinherschaft strebte. Die monarchischen Tendenzen beider Gewalten, der geistlichen und der weltlichen, mussten einmal einander befreundet, bald Hand in Hand mit einander gehen. Dass dieser Process sofort eintrat, ist ein Beweis seiner Naturgemässheit; und dass er so langsam und allmälig sich vollendete, ein denkwürdiges Zeugnis des grossen politischen Verstandes, der das Erbtheil der Römer zu allen Zeiten gewesen ist. Gleichzeitig und übereinstimmend mit der bürgerlichen Gleichstellung der Christen und der Heiden, ertheilte sodann Constantinus der christlichen Kirche und ihren Priestern ähnliche Privilegien, wie die heidnischen von alten

Zeiten her sie besassen[52]; die Saecularspiele aber, die
im Jahre 313 gesezlich hätten gefeiert werden sollen, liess er absichtlich, zum Verdruss der altgläubi-
gen Heiden, nicht feiern[53]. Zwei Jahre später wurden durch ein Gesez vom 17. Juni 315 die katholischen Kirchen ganz wie das Eigengut des Kaisers
von der allgemeinen Steuerpflicht eximirt[54]; ein wei-
teres Gesez aus demselben Jahre befahl die Abschaf-
fung der durch den Tod des Erlösers abrogirten Todesstrafe durch Kreuzigung[55]; ein ferneres vom
10. Juni 316 gestattete, dass wenn ein Herr seinen
Sklaven in der katholischen Kirche vor der Gemeinde
und ihren Priestern freilasse, dieses dieselbe Rechts-
kraft haben solle wie die feierliche Manumission nach
altem Ritus[56]: was dann am 18. April 321 für die
katholischen Priester dahin ausgedehnt wurde, dass
bei ihnen die einfache Willenserklärung, auch wenn
diese nicht im Angesichte der Kirche und vor der
versammelten Gemeinde geschehe, zur gesezlichen

---

[52] Cod. Theod. XVI, 2, 1 in welchem Edicte vom 29. Oct. 313 schon
von indulta clericis privilegia gesprochen wird. Mehr bei
Gieseler K. G. I. p. 224.

[53] Zosimus II, 7.

[54] Cod. Theod. XI, 1, 1.

[55] In dem Edicte von 1. Jan. 314 im Cod. Theod. IX, 5, 1 wird
diese Strafe noch erwähnt, in dem Edicte vom 1. Aug. 315 im
Cod. Theod. IX, 18, 1 nicht mehr. Sext. Aur. Victor de Caesari-
bus 41, 3: eo pius, ut etiam vetus veterrimumque supplicium pa-
tibulorum et cruribus suffringendis primus removerit. Tillemont
Hist. des empereurs IV, p. 164.

[56] Cod. Justiniani I, 13, 1.

Freilassung hinreichen solle[57]; endlich dass es den in einem Privatstreite begriffenen Parteien freistehen solle, statt durch den weltlichen Richter ihre Sache durch den Bischof schiedsrichterlich entscheiden zu lassen, und dass dessen Aussprüche ebenso gültig sein sollten, als ob der Kaiser selbst sie gegeben hätte[58].

Zwei andere Edicte ertheilten den katholischen Priestern als solchen das Standesvorrecht, von allen öffentlichen Lasten und Ämtern befreit zu sein[59], und der katholischen Kirche als solcher das Recht Erbschaften anzunehmen[60]; ein drittes vom 7. März 321 befahl, dass alle Gerichtssitzungen, alle öffentlichen Arbeiten, alle städtischen Handwerke am Sonntage ruhen, und nur den Landbewohnern, deren Geschäfte abhängig seien von der Gunst der Witterung, zu arbeiten gestattet sein solle[61]. Als wie es scheint

---

[57] Cod. Theod. IV, 7, 1 und Cod. Just. I, 13, 2.

[58] Cod. Theodos. Const. Sirmond. 17 p. 475 Hænel, Eusebius v. Const. IV, 27 und dazu Valesius, und Sozomenus I, 9 p. 414, A.

[59] Gesez Constantins vom J. 319 im Cod. Theod. XVI, 2, 2: qui divino cultui ministeria religionis impendunt, id est hi qui clerici appellantur, ab omnibus omnino muneribus excusentur (erwähnt auch von Sozomenus I, 9 p. 413, D); wiederholt im J. 349 ib. XVI, 2, 9: curialibus muneribus atque omni inquietudine civilium functionum exsortes cunctos clericos esse oportet; und im J. 354 ib. XVI, 2, 11. und im J. 377 ib. XVI, 2, 24.

[60] Gesez Constantins vom 3. Juli 321 im Cod. Theod. XVI, 2, 4 und Cod. Just. 1, 2, 1: habeat unusquisque licentiam sanctissimo catholicæ (sc. ecclesiæ) venerabilique concilio decedens bonorum quod optavit relinquere . non sint cassa judicia.

[61] Cod. Just. III, 12, 3. Vergl. Cod. Theod. II, 8, 1 und meine Abh. über die Bücher des Numa p. 117 ff.

einige heidnische Magistrate die Christen zwingen
wollten, an den mit Sühnopfern verbundenen Capitolinischen Spielen theilzunehmen, erliess der Kaiser
am 25. Mai 323 ein Edict, worin er jeden, der solchen Zwang versuchen würde, mit öffentlicher Aus-
peitschung oder, wenn sein Rang diese nicht gestatte,
mit den schwersten Geldstrafen bedrohte[62]. Direct
gegen den Hellenismus gerichtete Maassregeln aber
kommen während dieser Jahre noch nicht vor. Ein
Edict vom 16. Mai 319 befiehlt zwar: kein Haruspex
solle die Schwelle eines fremden Privathauses betreten,
unter keinerlei Vorwand: der Haruspex, der solches
thue, solle verbrannt, und wer ihn gerufen, nach Einziehung seines Vermögens deportirt werden. Doch wird
hinzugefügt: dass wer diesem Aberglauben dienen
wolle, denselben öffentlich begehen möge, auf den öffentlichen Altären und in den Tempeln; denn wir verbieten es nicht, dass dieser veraltete Gebrauch am
hellen Tage geübt werde[63]. Ja es wird sogar in
einem anderen Rescripte vom 9. März 321 noch verordnet: dass wenn in seinem Palaste oder an andern
öffentlichen Gebäuden etwas vom Blitze berührt worden sei, man darüber nach alter Observanz die Haru-

---

[62] Cod. Theod. XVI, 2, 5.

[63] Cod. Theod. IX, 16, 1. 2 und Cod. Just. IX, 18, 3. Vergl. Synesius Calvit. encom. p. 68, C und De insomn. p. 148, C. D. Betrifft übrigens nicht sowol die gewöhnliche haruspicina, als die
Ausübung der Eingeweideschau zur Erforschung verbotener Dinge,
d. h. die Magie, welche bereits die Zwölftafelgeseze: Apulejus De
magia 47 und dazu Hildebrand, und später auch Tiberius verboten hatte: Suetonius v. Tib. 63: haruspices secreto ac sine te-
stibus consuli vetuit.

spices befragen und deren Bescheid ihm dem Kaiser
vorlegen solle; und dass es auch allen andern erlaubt
sein solle von dieser Gewohnheit Gebrauch zu machen,
vorausgesezt, dass man sich dabei aller Privatopfer
enthalte, als welche ausdrücklich verpönt werden[64].
Nur das in Rom uralte Verbot der Magie hat auch
er wiederholt eingeschärft: strafbar und durch die
strengsten Geseze zu ahnden, solle die Wissenschaft
derjenigen sein, die durch magische Künste etwas
wider das Leben der Menschen unternommen oder
ein keusches Gemüth zur Wollust verlockt haben; wer
aber durch sympathetische Heilmittel dem menschlichen
Körper, oder durch unschuldige Sprüche den Feldern
und Äckern zu helfen suche, damit nicht Regen und
Hagel die Trauben zerstören und die Gaben Gottes
und der Menschen Arbeit vernichten, solle in keinerlei Anklagen verwickelt werden[65].

Erst seit dem Jahre 324, als Licinius die Standarte des Hellenismus aufgepflanzt und seine Sache mit
diesem zu identificiren versucht hatte[66], und als mit
ihm auch dieser besiegt worden war, erklärte sich
Constantinus offen und ohne Rückhalt für das Christen-

---

[64] Cod. Theod. XVI, 10, 1 und Müllers Etrusker II p. 162 ff.

[65] Cod. Theod. IX, 16, 3 und Cod. Just. IX, 18, 4. Vergl. Paulus
Sent. recept. V, 23 §. 15: qui sacra impia nocturnave, ut quem
obcantarent defigerent obligarent fecerint faciendave curaverint, aut
cruci suffiguntur ant bestiis objiciuntur.

[66] Er liess deshalb auch alle Christen von seinem Hofe vertreiben:
Eusebius Hist. eccles. X, 7. Orosius VII, 28 p. 538. Hieronymus
in Chronico ad ann. 320 und die Excerpta Valesii ad calcem Ammiani 20: Licinius repentina rabie suscitatus omnes Christianos e palatio suo jussit expelli.

thum, und suchte mit allen Mitteln die ihm zu Gebote standen, den vollständigen politischen Sieg der neu proclamirten über die alte Staatsreligion herbeizuführen. Er befahl nemlich gleich beim Beginne seiner Alleinherschaft seinen morgenländischen Unterthanen durch ein öffentliches Edict, die christliche Religion anzunehmen, und nur die Gottheit, die es in Wahrheit sei, auch als solche zu verehren[67]; er stellte ferner an die Spitze der Provinzen vorzugsweise Christen als Statthalter, und verbot auch den heidnischen Statthaltern Proconsulen und Praefecten, als seine des Kaisers Repräsentanten, in seinem Namen den Göttern zu opfern[68]; er gebot ferner, dass in den Städten wie auf dem Lande niemand mehr sich unterstehen solle, weder neue Götterbilder aufzurichten, noch Orakelsprüche zu erholen, noch Orgien zu feiern[69], noch blutige Fechterspiele[70], noch über-

---

[67] Sozomenus I, 8 p. 409, D: γράμματι δημοσίῳ προηγόρευσε τοῖς ἀνὰ τὴν ἕω ὑπηκόοις τὴν Χριστιανῶν σεβεῖν θρησκείαν, καὶ τὸ θεῖον ἐπιμελῶς θεραπεύειν· θεῖον δὲ νοεῖν μόνον ὃ καὶ ὄντως ἐστίν, und die übersichtliche Darstellung bei Nicephorus Callistus Hist. eccles. VII, 46.

[68] Eusebius v. Const. II, 44. Nemlich für sich zu opfern war ihnen gestattet, aber als Repræsentanten des Kaisers in dessen Namen zu opfern ward verboten.

[69] Eusebius v. Const. II, 45. IV, 25 und Sozomenus I, 8 p. 411.

[70] Cod. Theod. XV, 12, 1: omnino gladiatores esse prohibemus: womit er übrigens gerade in Rom nicht durchdrang, wie die wiederholten Edicte des Constantius im J. 357 und des Arcadius und Honorius im J. 397 beweisen. Vergl. auch Symmachus Epist. II, 46. Prudentius c. Symm. II, 1124 f. Johannes Chrysostomus T. X p. 104, A. Theodoretus V, 26. Ja noch Augustinus Confess. VI, 8 und Salvianus De gub. dei VI, 2 (geschrieben nach

haupt zu opfern[71]; er befahl ferner, dass die christlichen Kirchen höher breiter und länger gemacht
und die Baukosten aus dem kaiserlichen Schatze be-
stritten werden[72]; dass jede Stadt aus den Einkünften
ihres zinsbaren Grundvermögens einen bestimmten
Theil an die Kirchen und deren Klerus abgeben[73]; und
dass die Vorstände der Provinzen die angefangenen
Tempelbauten nicht ausbauen, sondern unvollendet
sollten liegen lassen[74]: so dass er also gleichzeitig
das Heidenthum zu zerstören, das Christenthum zu
fördern, und den Bestand. der Kirchen durch ihre
Radicirung auf das Grundeigenthum der Städte für
alle Zukunft sicher zu stellen versuchte. Auch wird
von Schriftstellern beider Parteien ausdrücklich bezeugt, dass er seit dieser Zeit, nach der Feier seiner
Vicennalia im J. 326, viele hellenische Tempel sammt

---

dem J. 455) klagen über den Fortbestand dieser Spiele, u b i sum-
mum deliciarum genus est mori homines.

[71] Eusebius v. Const. II, 45: μήτε θύειν καθόλου μηδένα. IV, 23:
θυσίας τρόπος ἀπηγορεύετο πᾶς. IV, 25: πᾶσι διεκελεύετο μὴ
θύειν εἰδώλοις. Wenn man sich, um diese bestimmte Angabe
(vergl. auch unten Anm. 147) zu entkräften, auf die Worte des
Libanius beruft T. II p. 162: τῆς κατὰ νόμους θεραπείας ἐκίνησεν
οὐδὲ ἕν: so ist ausser dem was bereits Gothofredus zu dieser
Stelle bemerkt hat, mit Recht hervorgehoben worden, dass Libanius in jener ganzen Rede für die Tempel guten Grund hatte, das
Verfahren Constantins gegen den heidnischen Cultus so günstig
als möglich darzustellen, und dass eben darum sein Stillschweigen
über jenes Edict nichts gegen dessen ausdrücklich bezeugtes Da-
sein beweisen kann.

[72] Eusebius v. Const. II, 45. Theophanes Chronogr. I p. 22.

[73] Sozomenus I, 8 p. 411. 412.

[74] Cod. Theod. XV, 1, 3.

ihren Einkünften confiscirt und den Anhängern der katholischen Kirche, der allein alle diese Begünstigungen galten[75], übergeben habe[76]. Namentlich hervorgehoben wird, dass er von den Propyläen der Tempel die Thüren, und von den Dächern die Ziegel habe wegnehmen lassen, damit sie leichter der Zerstörung und dem Einsturz preisgegeben seien. Auch habe er die metallenen Cultusbilder, die man seit alter Zeit als heilige verehrt, allen zur Schau auf dem Markte von Constantinopel aufstellen lassen, so dass nun hier der Pythische und der Sminthische Apollon, auf dem Hippodrom die Delphischen Dreifüsse, und in seinem Palaste die Helikonischen Musen gestanden hätten. Die mit Gold und Silber überzogenen Götterbilder aber habe er durch vertraute christliche Commissäre (γνώριμοι καὶ ἄνδρες Χριστιανοί) denen die Priester das Allerheiligste ihrer Tempel und ihre geheimsten Verstecke (ἄδυτα καὶ κρυφίους μυχούς) öffnen mussten, überall in den Provinzen aufsuchen und die kostbaren Theile derselben einschmelzen lassen, während man den formlosen Kern den Heiden zu ihrer Beschämung (εἰς μνήμην αἰσχύνης) überlassen habe[77]. Ferner habe er die durch ihren unzüchtigen Cultus berüchtigten Tempel der Aphrodite zu Aphaka auf dem Libanon und

---

[75] Cod. Just. I, 5, 1.

[76] Eunapius v. Aedesii p. 20. Socrates Hist. eccles. I, 3. Leo Grammaticus Chronogr. p. 86. Chronicon Paschale p. 525, 19 ff. Cedrenus I p. 478. Georgius Codinus De orig. Const. p. 16, 13. Historia miscella XI p. 73, A.

[77] Eusebius v. Const. III, 54. De laud. Const. 8. Sozomenus H. 5·

zu Heliopolis in Phoenicien, sowie den Tempel des Asklepios zu Aegae in Cilicien bis auf den Grund zerstören lassen[78]: worauf auch andere Städte freiwillig ihre heidnischen Culte aufgegeben und zum Christenthum übergetreten seien, wie namentlich die Hafenstadt von Gaza, die sog. Majuma, die er deshalb auch zur selbständigen Stadt Constantia, ihrer Mutterstadt gegenüber, erklärte[79]. In derselben Zeit auch liess er, wie weiter berichtet wird, den volksthümlichen Cultus bei Hebron in Palaestina vertilgen. Dort nemlich, im Haine Mamre, unter der Terebinthe die seit Erschaffung der Welt dagestanden[80], unter welcher Abraham geopfert und die Erscheinung der drei Engel gehabt haben soll, und die noch zu Hieronymus Zeit abergläubisch verehrt wurde, pflegten damals alljährig die umwohnenden Stämme der Palaestiner Phoenicier und Araber zu einer grossen Messe zahlreich zusammenzukommen, Juden Heiden und Christen, jeder nach seiner Weise den Ort verehrend durch Gebete und Opfer und mannigfache, auch heute noch in jenen Ländern weitverbreitete Gebräuche. Wegen der besondern Heiligkeit des Festes enthielten sich Männer und Frauen alles geschlechtlichen Um-

---

[78] Eusebius v. Const. III, 55 ff. Socrates I, 18 p. 49. Sozomenus II, 5. Theophanes Chronogr. I p. 34, 14 ff. Historia misc. XI p. 74, A. Die Zerstörung des Asklepiostempels schreibt Libanius T. II p. 187 vergl. Epist. 607 dem Constantius zu.

[79] Sozomenus II, 5 p. 450, B. V, 3 p. 597, C. VII, 28. Vergl. Julianus Op. p. 362, D. und Marcus in v. Porphyrii §. 57 bei Gallandi Bibl. patrum IX p. 270, C.

[80] Josephus Ant. Jud. I, 10, 4 und De bello Jud. IV, 9, 7.

ganges, die einen schmückten den Abrahamsbrunnen
mit angezündeten Lichtern, andere gossen Wein hin-
ein, noch andere warfen Kuchen und Münzen hinab.
Constantinus aber, als er hievon durch seine Schwieger-
mutter, die eines Gelübdes wegen den Ort besucht
hatte, Kenntnis erhalten, liess durch seinen Statthalter
Acacius und durch Macarius, Bischof von Jerusalem,
den alten Opferaltar zerstören, die Götterbilder verbrennen, und an deren Stelle eine christliche Kirche
erbauen [81].

Dass in dem allen Methode und ein wolberech-
neter stufenmässiger Fortschritt hersche, ist unverkennbar [82]: die neue Religion sollte gefördert, die
alte successiv beseitigt werden. Als daher begreiflicher Weise nach allen diesen Maasregeln die Meinung laute wurde, der Kaiser habe den Göttercultus
geradezu aufgehoben, und dadurch, wie früher unter
den Christen, jezt unter den Heiden vielfache Beun-
ruhigung entstand, so erklärte er in einem an die
morgenländischen Eparchien gerichteten Edicte über
den Göttercultus: dass er zwar seinen Glauben an
die Wahrheit des Christenthums nicht verbergen, auch
diese heilbringende Lehre allen Menschen empfehlen,
im übrigen aber nicht wolle, dass einer dem andern,
der eine andere religiöse Überzeugung habe, beschwer-

---

[81] Am ausführlichsten der dort heimische Sozomenus II, 4; ausserdem Eusebius Demonstr. Ev. V, 9 und De v. Const. III, 51 ff.
Socrates I. 18. Asterius Homil. p. 172, A. ed. Combefis, Hieronymus T. III p. 130. 195 der zweiten Vallarsischen Ausg.

[82] Arendt in der Tübinger theol. Quartalschr. 1834 p. 392.

lich falle, da er wol wisse, wie fest religiöse Meinungen,
auch die irrigen, im menschlichen Gemüthe haften[83].

Dass Constantinus bei allen diesen Maasregeln
sich vorzugsweise von politischen Motiven leiten liess,
wird niemand bezweifeln, der das Leben grosser Fürsten studiert hat und der weiss, in welchem Verhältnis das religiöse und das politische Leben zu einander
stehen. Schon der staatskluge Maecenas gab dem
Augustus den Rath: Die Gottheit verehre du selbst
immer und überall nach der Weise der Väter, und
nöthige auch die andern, sie ebenso zu verehren.
Die aber fremden Gottesdienst einführen wollen, die
hasse und bestrafe, nicht allein der Götter wegen,
denn wer sie misachtet, hält auch keinen andern in
Ehren; sondern weil solche, die fremde Götter einführen, Viele überreden auch eine fremde Lebensweise anzunehmen: woraus dann Verschwörungen,
Aufstände und Verbrüderungen entstehen, die der
Monarchie keineswegs zuträglich sind[84]. Und es ist
hinlänglich bekannt, dass Augustus in der That diesem Rathe gemäss verfuhr, und während seiner Regierung durch Vermehrung der Tempel, der Priester
und ihrer Einkünfte, und durch Wiedereinführung
vieler alten in Vergessenheit gekommenen Culte[85]
auf alle Weise bemüht war, das gesunkene Ansehn
der nationalen Religion[86] und durch diese das po-

---

[83] Eusebius v. Const. II, 60.

[84] Dion Cassius 52, 36.

[85] Suetonius v. Octav. 31.

[86] Schon bei Propertius II, 6, 35 f. lesen wir: Spinnengewebe um-

litische Leben wiederherzustellen: ein Versuch', der
nur darum mislungen ist, weil das auf dem Wege der
Naturentwickelung innerlich in den Gemüthern Erstor-
bene sich nicht künstlich auf dem Wege der Reflexion
wiederherstellen liess. Als darum Constantinus, nachdem er den innern Verfall der alten und die unzer-
störbare Lebenskraft der neuen Religion erkannt,
sich entschlossen hatte die leztere an der Stelle der
erstern zur herschenden Religion zu machen, adop-
tirte er auf diesem durch die Natur der Dinge gegebenen neuen Standpunkte nichtsdestoweniger ganz
die alten Traditionen seiner caesarischen Vorgänger.
Er selbst spricht sich darüber mit grosser Offenheit
aus indem er sagt: Zweierlei habe er während seiner
Regierung auszuführen sich vorgesezt: erstens die Vor-
stellungen aller Völker von der Gottheit in ein Sy-
stem zu vereinigen, und zweitens den ganzen Staats-
körper, der an einer schweren Krankheit darnieder-
liege, wiederaufzurichten. Das eine, wie Einigkeit
der Religionen zu bewirken sei, habe er mit dem
Auge des Verstandes, das andere, die politische Einheit des Staates, durch die Gewalt des Schwertes zu
erreichen gesucht: wol wissend, dass wenn es ihm
gelänge religiöse Einheit zu Stande zu bringen, auch

---

hülle die Tempel und Unkraut umwachse die verlassenen Götter;
III, 11, 10: die Tempel würden nur noch aufgesucht und benuzt
zu Bestellungen und Verführungen; IV, 12, 47 f.: verödet seien
die Haine, die heiligen Opfer versäumt, Gold nur werde von allen
geehrt und die Frömmigkeit sei verschwunden; bei Petronius Sat.
44: quia nos religiosi non sumus, agri jacent; bei Anobius III,
24: tutelaribus supplicat diis nemo.

der Zustand des politischen Gemeinwesens ein besserer werde[87]: eine Wahrheit die kleinen Königen unverständlich, Constantinus dem Grossen so sicher galt, dass er noch kurz vor seinem Tode seinem Sohne Constantius wiederholt ans Herz legte: die kaiserliche Macht nütze ihm nichts, wenn nicht seine Unterthanen vor allem durch eine gemeinsame Religion geeinigt seien[88]; und: wer seinen Gott verrathe, könne auch seinem Kaiser nicht treu sein[89].

Der Geschichtschreiber Zosimus[90] sucht bekanntlich diesen offenen Übertritt Constantins zum Christenthum dadurch zu erklären, dass er angiebt, Constantinus habe für die gegen seine Familie begangenen Verbrechen in der hellenischen Religion vergeblich Sühne gesucht, und da diese ihm nicht gewährt worden, durch Annahme des christlichen Glaubens seine Gewissensbisse beschwichtigen wollen. Er sei nemlich, als er nach dem Siege über Licinius und dessen Ermordung in den Besitz der Alleinherschaft gekommen, anfangs noch bei der väterlichen Religion geblieben; dann aber nachdem er auch seinen eigenen Sohn Crispus habe ermorden lassen wegen des ungerechten Verdachtes, dass er seine Stiefmutter, Constantins Gemalin Fausta, sträflich liebe; und endlich, nachdem er auch diese als eine Phaedra erkannt,

---

[87] Eusebius v. Const. II, 65.

[88] Sozomenus III, 19 p. 531, C.

[89] Sozomenus I, 6 p. 408, A. Was Tacitus Hist. V, 8 von den Jüdischen Königen sagt: honor sacerdotii firmamentum potentiae adsumebatur: ist seitdem oft auch von nicht jüdischen Königen versucht worden.

[90] Zosimus II, 29.

auch sie im Bade habe ersticken lassen[91]: da habe
er, solcher Thaten und Meineide sich bewusst, Süh-
nung derselben bei hellenischen Priestern gesucht;
die aber hätten ihm erwidert, dass es für solche Gottlosigkeiten kein Reinigungsmittel gebe. Hierauf aber
habe ein Aegyptier der aus Spanien nach Rom gekommen, ihn versichert: der Glaube der Christen
vermöge jede Sünde hinwegzunehmen, und enthalte
die Verheissung, dass wer ihn annehme sogleich von
allen Sünden frei werde[92]. Und darauf hin habe
dann Constantinus seinen väterlichen Glauben verlassen und dem christlichen sich zugewendet. Dass
diese ganze Erzählung nicht eine Erfindung des Zosimus, sondern unter den heidnischen Gegnern Constantins sehr verbreitet gewesen sei, beweist der Kirchenhistoriker Sozomenus[93] welcher derselben Sache
erwähnt, nur dass nach ihm statt der hellenischen
Priester der Neuplatoniker Sopater dem Kaiser die
Sühne verweigert, und statt des ungenannten Aegyp-
tiers christliche Bischöfe sie ihm zugesagt haben soll-

---

[91] Orosius VII, 28 p. 539 behauptet die Gründe dieser Wüthereien
   nicht zu wissen (latent causae). Vergl. darüber Eutropius X, 6.
   Aur. Victor in Epit. 41, 11 f. Sidonius Apollinaris Epist. V, 8.
   Philostorgius II, 4. Historia misc. XI p. 73, A. Georgius Codinus De signis Const. p. 63. Tillemont Hist. des empereurs IV
   p. 223 ff. Hug in der Zeitschrift für die Geistlichkeit des Erz-
   bisth. Freiburg III p. 80 ff.

[92] Der bekannte hämische Vorwurf, den die Heiden den Christen wegen ihrer Lehre von der Sündenvergebung und Reinigung durch
   die Taufe machten: Vergl. Julianus Caes. p. 336, A. B. und bei
   Cyrillus adv. Jul. VII p. 245, C. D.

[93] Sozomenus I, 5.

ten. Aber auch schon Sozomenus macht darauf aufmerksam, dass diese Erzählung erstlich der Chronologie widerspreche, indem längst vor der Hinrichtung des Crispus im J. 325, dieser selbst mit seinem Vater viele Geseze zu Gunsten der Christen gegeben habe; und indem zweitens der gelehrte Sopater die Sühne, wenn sie von ihm wäre verlangt worden, schwerlich verweigert hätte da ja, anderer zu geschweigen, auch Herakles troz der Ermordung seiner eigenen Kinder und des Iphitus dennoch zu Athen sei gereinigt und in die Eleusinien eingeweiht worden. Und in der That, wer sich die damalige Weltlage vergegenwärtigt, wird sich weder veranlasst noch berechtigt fühlen, den in seinen Folgen weltgeschichtlichen Übertritt Constantins zum Christenthum aus was immer für individuellen Motiven zu erklären. In die Geheimnisse ihrer Herzen einzudringen, dazu fehlen uns bei Männern seiner Art fast alle psychologischen Data: die Stellung welche sie in ihrer Zeit einnehmen, die Mission die ihnen für die folgende zu Theil geworden, die innere objective Nothwendigkeit der Verhältnisse, die zu ordnen sie berufen sind, kurz der ganze Wille des Schicksals als dessen Organ sie handeln: das alles pflegt Männer dieses Schlages über jede sentimentale Subjectivität, die ihren Grund nur in der Unangemessenheit der Kraft zu dem Gewollten hat, weit zu erheben. Dem Kaiser Constantinus musste schon der imperatorische Instinct und der klare Weltverstand, der sich in den meisten seiner Regierungshandlungen ausspricht, sagen dass auf der Grundlage der alten nationalen Religion eine neue über

die alten nationalen Schranken hinausgehende Re-
construction des Staates nicht möglich war, sondern
dass wie er selbst es ausgesprochen, die innere Einheit seines neuen Reiches nur mit Hilfe der neuen
Kirche versucht werden konnte. Und wahrlich die
Art wie er diese Aufgabe durchgeführt hat, verdient
aufrichtige Bewunderung, namentlich die mannhafte
Ausdauer und heldenthümliche Geduld, welche er,
seines Zieles sich bewusst, den theologischen Streitigkeiten der christlichen Secten gegenüber bewiesen hat;
indem er klar erkannte dass, wie eine feste Staatsordnung, so auch ein festes Kirchengebäude und als
dessen Grundlage ein fester dogmatischer Lehrbegriff
zur Begründung einer neuen politischen Lebensord-
nung durchaus nothwendig seien.

In dieselbe Zeit seines offenen Übertrittes zum
Christenthum (nur die Taufe verschob er, in der Hoff-
nung sie im Jordan zu empfangen, bis an das Ende
seines Lebens [94]), fällt bekanntlich auch die Gründung
der neuen Hauptstadt seines Reiches an der Grenze
Europas Asien gegenüber. Was ihn dazu bewogen
habe wird meines Wissens nirgendwo angegeben, ist
aber nicht schwer in seinem und seiner Zeit Geiste

---

[94] Eusebius v. Const. IV, 61 ff. Ambrosius De obitu Theodosii §. 40.
Socrates I, 39. Sozomenus II, 34. Theodoretus I, 32. wogegen
Theophanes Chronogr. I p. 24 und Johannes Malalas Chronogr.
p. 317 nicht in Betracht kommen können. Die Taufe bis zum
Todesbette zu verschieben, war damals eine allgemeine Unsitte,
gegen welche die Kirchenväter vielfach eifern: Basilius T. II p.
113 f. Gregorius Naz. T. I p. 699 f. Gregorius Nyss. T. II p.
124 ff. Johannes Chrysostomus T. IX p. 11, C. ff.

zu diviniren. Dass nemlich der alten Roma nicht
eine unendliche, sondern wie allem Gewordenen eine
begrenzte gemessene Lebensdauer bestimmt sei, war
ein alter an ihren Anfang selbst geknüpfter Glaube[95];
und dass diese Schicksalszeit ihrem Ende sich zuneige,
ein seit der Wiederherstellung Roms durch seinen
zweiten Gründer Augustus weitverbreitetes Vorgefühl.
Schon in einem gegen Tiberius gerichteten Spottge-
dichte heisst es, Rom gehe unter[96]; die unter Domi-
tian geschriebene Apokalypse des Johannes verkün-
digt den Fall des grossen Babylon, welches mit dem
Weine seiner Unzucht alle Heiden getränkt habe, als
nahe bevorstehend[97]; einige Jahre später spricht Tacitus von drohenden Schicksalen des Reiches[98] (ur-
gentibus imperii fatis); ebenso prophezeien zwei
in der Antoninischen Zeit verfasste Sibyllensprüche
den nahen Fall der stolzen Roma, die ihren Nacken
beugen müsse und deren öde Stätte Wölfe und Füchse
bewohnen würden: und so wird dann dein Palladium
sein, ποῦ τότε Παλλάδιον[99], das Unterpfand deiner
ewigen Dauer? Nur mit Christus, dem fleischgewor-
denen Logos, wird die Macht Roms und der berühm-

---

[95] S. die Abh. über die Geologie der Alten p. 50.

[96] Suetonius v. Tib. 59: Roma perit.

[97] Apokal. 14, 8. 18, 2 ff.

[98] Tacitus Germ. 33. Die urgentia imperii fata zur Zeit des
Tacitus waren in der Zeit des Theodosius nutantia Romanae
rei fata, wie Pacatus in dem Panegyricus auf Theodosius 3, 5
sich ausdrückt, und in der Zeit des Honorius eine moles laban-
tis imperii nach Claudianus De bello Getico 571 f.

[99] Oracula Sibyllina VIII, 37 ff.

ten Lateiner noch wachsen können[100]. Wieder ein
Decennium später macht Tertullianus aufmerksam auf
die oft besprochene Succession der weltgeschichtlichen
Reiche der Assyrier, Meder, Perser, Aegypter, Ma-
kedonier, und knüpft daran die offenbar den Römern
seiner Zeit zu Gehör geredete allgemeine Reflexion:
das Rad der Zeiten sei in beständigem Umschwunge;
der den Wechsel der Zeiten geordnet habe, derselbe
Gott auch sei es der die Herschaft der Reiche aus-
theile, die er jezt den Römern verliehen habe; was
er damit in Zukunft vorhabe, wisse nur er und die
ihm zunächst stehen[101]. Denselben Gedanken endlich spricht Cyprianus in der um das Jahr 247 geschriebenen Schrift de idolorum vanitate dahin
aus: dass auch den Römern die Herschaft nicht auf
ewig, sondern nur für eine gewisse Zeit verliehen
sei, die ebenso zu Ende gehen werde wie bei andern
Völkern der Vorwelt[102]; ja in demselben Sinne soll
auch Constantinus selbst einen Orakelspruch erhalten
haben, dass die Herschaft Roms ihrem Untergange
nahe sei[103]. Und ohne Zweifel unter dem Eindrucke
dieser Schicksalssprüche beschloss er den Sitz seiner

---

[100] Oracula Sibyllina X, 33 ff.: σὺν αὐτῷ αὐξήσει τὸ κράτος Ῥώμης,
κλεινῶν τε Λατίνων: ein Gedanke, der auch schon in der Apolo-
gie des Meliton, Bischofs von Sardes, bei Eusebius Hist. eccles. IV,
26 p. 120, A. ausgesprochen worden ist.

[101] Tertullianus Ad nat. II, 17 extr. vergl. Apol. 26.

[102] Cyprianus De idolorum vanitate p. 226. Vergl. 227 und Lactantius VII, 25.

[103] Chronicon Paschale p. 517, 22: χρησμὸν εἰληφὼς ὅτι ἀπόλλυσθαι
μέλλει ἡ βασιλεία Ῥώμης.

Herschaft aus der alten Roma hinweg an die Stätte
ihres idealen Ursprunges zurückzuverlegen: eine Bewegung die wie der Dichter sich ausdrückt freilich
gegen den (scheinbaren) Lauf des Himmels [104], aber
dennoch in dem kreisenden Alter der Völker und
ihrer Reiche ebenso natürlich ist, als wenn im Alter
der Individuen die Erinnerungen ihrer Jugend wieder
aufleben. Die Rückkehr zum Beginne tritt ja überall
dann ein wenn die progressive Kraft erloschen ist.
Er wollte darum zuerst, wie schon Caesar und Augustus versuchten [105], Troja wieder aufbauen am Fusse
des Ida, von wo die Adler des Capitols ausgeflogen
sind; und er hatte bereits beim Grabe des Ajax, wo
die Hellenen auf dem Zuge gen Ilion ihre Schiffe
stationirt, die Thore seiner neuen Stadt erbaut, als
ein Traumgesicht ihm befahl eine andere Stätte zu
wählen [106]: worauf er, wie er selbst sich ausdrückt,
auf Gottes Befehl in Byzanz das jetzige Contanti-
nopel gegründet und mit einem ewigen Namen (dem
geheimen der alten Roma) beschenkt habe [107]. Alle
Einzelheiten der Gründung, der Einweihung, der öffentlichen Plätze und der Monumente dieser neuen Weltstadt, tragen wie die Anfänge aller weltgeschichtlichen

[104] Dante Parad. VI, 1 ff.

[105] Suetonius v. Caes. 79 und die Ausleger zu Horatius Od. III, 3.
Tillemont Hist. des empereurs IV, 230 ff. J. Burckhardt über die
Zeit Constantins p. 465 ff.

[106] Zosimus II, 30. Sozomenus II, 3. Theophanes Chronogr. I. p. 34,
2 ff. Historia misc. XI p. 73, D. Nicephorus Callistus VII, 48.

[107] Cod. Theod. XIII, 5, 7: urbem aeterno nomine jubente deo dona-
vimus.

Dinge einen symbolischen Charakter (denn das Zeichen geht überall der Sache wie das Gefühl dem Gedanken voran), hier insbesondere eine aus dem ganzen Zustande der Zeit hervorgegangene merkwürdige Mischung von heidnischem und christlichem Glauben. Bei der Grundsteinlegung der westlichen Ringmauer am 4. Nov. 326, als die Sonne im Zeichen des Schützen stand und der Krebs die Stunde beherschte[108], waren der Neuplatoniker Sopater als Telestes und Praetextatus als Pontifex thätig[109]; Constantinus selbst bezeichnete einen Speer in der Hand, den Lauf der Ringmauer. Seine Begleiter fanden, er schreite zu weit aus, und einer wagte die Frage, wie weit noch Herr? worauf er antwortete: bis der stehen bleibt der mir vorangeht, gleich als sähe er ein überirdisches Wesen vor sich herwandeln[110]. Viertehalb Jahre später am 11. Mai 330 erfolgte unter abermaligen grossen Feierlichkeiten und unter dem Beistande des Astrologen Valens die Einweihung und die Namengebung[111]. Auf dem sogenannten Miliarium am Forum liess er den Wagen des Sonnengottes aufstellen und auf diesem als Begleiterin des Helios eine kleine Tyche, die auf dem Haupte ein Kreuz trug und bei deren Einweihung alles Volk Kyrie eleison sang[112]. Dem Miliarium gegenüber (auf dem um-

---

[108] Anonymus Banduri p. 3, A. Anders Codinus De signis Const. p. 17.

[109] Johannes Lydus De mens. IV, 2.

[110] Philostorgius II, 9.

[111] Anonymus Banduri p. 98. 99. Michael Glycas p. 463.

[112] Anonymus Banduri p. 13, D. 98, E. Suidas v. *Μίλιον* p. 850 f. Codinus De signis Const. p. 40.

bilicus urbis[113]) standen die kolossalen Bilder des
Kaisers und seiner Mutter Helena, nach Sonnenauf-
gang gewendet und zusammen ein Kreuz haltend
mit der Inschrift: Einer ist der Heilige, einer der
Herr, Jesus Christus zur Ehre Gottvaters. In der
Mitte des Kreuzes aber war das Bild der Glücksgöttin
der Stadt angebracht, magisch geweiht und an einer
Kette angeschlossen, deren Schlüssel in der Basis
vergraben lag. Und so lange dieses Kleinod unversehrt bliebe, sollten es auch das Glück und die Herschaft der neuen Kaiserstadt sein[114]. Auch bestimmte
er bei dieser Gelegenheit dass für alle Zukunft alljährig an demselben Tage eine grosse goldene Statue,
welche ihn darstellte mit der Tyche der Stadt auf
der ausgestreckten Rechten, in feierlichem Fackel-
zuge durch den Circus gefahren werden, und dass
der jeweilige Kaiser sich vor diesem Bilde proster-
niren solle[115]. Und damit es bei Gründung dieser
neuen christlichen Stadt auch nicht an einem hellenischen Märtyrer fehle, ereignete sich in denselben
Tagen folgender Vorfall. So oft Constantinus auf
dem Forum erschien und mit allgemeiner Acclama-
tion empfangen wurde, stellte sich der Philosoph Ka-
nonaris auf einen erhöhten Ort und rief, wenn der
Zuruf des Volkes aufgehört hatte, dem Kaiser mit
lauter Stimme zu: überhebe dich nicht über die Vor-

---

[113] Dies schliesse ich aus den vorbildlichen Monumenten des Römischen Forums.

[114] Anonymus Banduri p. 10, F. 12, F. Suidas v. *Μίλιον* p. 850, 15 ff.
Codinus De signis Const. p. 35. 3 ff.

[115] Anonymus Banduri p. 43, B. C. Chronicon Paschale p. 529. 530.

fahren, du der Zerstörer derselben (ὑπὲρ προγόνων
μὴ φρόνει, ὁ τῶν προγόνων καθαιρέτης)! Als ihn
darauf der Kaiser vorrief und ermahnte, von seinem
hellenischen Predigen (ἑλληνίζειν) abzulassen, erwiderte er: dass er bereit sei für die Vorfahren zu sterben; was ihm dann auch durch sofortige Enthaup-
tung zu Theil wurde[116].

Dass Constantinus zur Erbauung seiner neuen
Stadt, die er selbst die neue Roma nannte[117], vorzugsweise heilige Gelder, d. h. eingezogene Tempelgüter verwendet habe, wird ausdrücklich bezeugt[118];
ebenso dass er zur Ausschmückung derselben aus allen Tempeln und Städten des Reiches Metallstatuen,
Marmorwerke, Cultusbilder und Kunstschätze aller
Art habe wegnehmen[119], und ausser den zahlreichen
christlichen Kirchen auch einige hellenische Tempel
habe erbauen lassen, namentlich den der Dioskuren
Kastor und Pollux am Hippodrom, und am Forum
den der Göttermutter Rhea und das bekannte Ty-
cheion, den Tempel der Tyche oder städtischen
Glücksgöttin[120], deren Bilder er besonders geliebt

---

[116] Anonymus Banduri p. 98, B.

[117] Socrates I, 16 p. 45, C. Johannes Lydus De magistr. II, 30 und
mehr bei Du Fresne Constantinopolis Christ. I, 6.

[118] Libanius T. II p. 162. 183, 8 ff.

[119] Anonymus Banduri p. 4, A. B. 41, A. Georgius Codinus De orig.
Const. p. 20, 1. und De signis Const. p. 43, 4. 53.

[120] Zosimus II, 31 (des Τυχεῖον gedenken auch Socrates III, 11 p.
183, B. und Sozomenus V, 4 p. 599, C): so dass die Angabe des Augustinus C. D. V, 25: Constantinus habe in Constantinopel keinen
Göttertempel und kein Götterbild errichtet, nicht zu urgiren ist.

und mit anderen magisch consecrirten Statuen [121] überall in seiner Stadt, auch über der Apsis seines Pa-
lastes, aufstellen liess [122].

Welche Kräfte überhaupt jene denkwürdige Über-
gangszeit der alten in die neue Welt, und in ihr die
Seele des Constantinus bewegten, beweisen am klar-
sten die wie es scheint wenig beachteten Nachrichten
über die Porphyrsäule des byzantinischen Forums.
Um die neue Roma der alten so ähnlich als möglich
zu machen und das Glück der verlassenen auch auf
die neugegründete Weltstadt zu übertragen, liess nemlich der Kaiser in Mitte des Forums, wo gegen Wes-
ten der Weg nach Rom führte [123], eine aus Rom her-
übergeholte hundert Fuss hohe monolithe Porphyrsäule, welche die Römer aus Aegyptisch Theben ge-
holt hatten [124], aufrichten. Die Überfahrt des Kolos-
ses dauerte drei Jahre, seine Aufrichtung ein volles Jahr. Als er in Constantinopel angekommen
und aus den Flössen in die Stadt gebracht werden
sollte durch das sogenannte Sophienthor, und der
Boden dort weich und sumpfig war, so dass man
fürchtete die Säule werde auf ihm nicht fortgebracht
werden können, machten sie zu diesem Zwecke einen
eisernen Schienenweg, woher dann später das ge-

---

[121] Anonymus Banduri p. 42, D und über die Consceration selbst
ib. p. 10, F und Origenes adv. Celsum VII, 69 p. 743, D.

[122] Anonymus Banduri p. 9, F. Vgl. auch p. 28, A.

[123] Theophanes Chronogr. I p. 41. 42. Du Fresne Constantinopolis
Christiana I, 24, 6.

[124] Chronicon Paschale p. 528.

nannte Thor den Namen der eisernen Pforte erhielt[125].
Auf der Spitze der Säule liess er eine aus Ilion[126] herge-
brachte eherne Apollonstatue unter seinem Namen wei-
hen, in ihr einen Theil des Kreuzes Christi, welches
seine Mutter Helena in Jerusalem wiedergefunden hatte,
verbergen[127], das Haupt derselben mit einem Strahlen-
kranze, der aus Nägeln des Kreuzes Christi gebildet
war umgeben, und zwischen die Strahlen selbst die
Worte schreiben: dem der Sonne gleich leuchtenden
Constantinus: damit er wie ein Abbild der neuen Sonne
der Gerechtigkeit über seiner Stadt walte[128]. Endlich in der Basis dieser Säule liess er, wie ein Si-

---

[125] Anonymus Banduri p. 46, D. Michael Glycas Ann. IV p. 464
und Georgius Codinus De aedificiis Const. p. 101.

[126] Diese mir wahrscheinlichste Angabe hat Johannes Malalas Chronogr. p. 320 und aus ihm Zonaras XIII. 3. Nach Mich. Glycas
p. 464 wäre sie aus Heliopolis in Phrygien, nach Leo Grammaticus Chronogr. p. 87 und Cedrenus I p. 518 aus Athen herbeige-
bracht und ein Werk des Phidias gewesen.

[127] Socrates I, 17 p. 47. B.

[128] Anonymus Banduri p. 14, A. B. Georgius Codinus De signis
Const. p. 41, mit Bezug auf Maleachi 4, 2 dessen Ausdruck: Sonne
der Gerechtigkeit: frühzeitig auf Christus angewendet wurde: Cyprianus De oratione dominica p. 415 und Athanasius im ersten
Festbriefe vom J. 329. Apollon war in der Jugend Constantins
der Lieblingsgott desselben, dem er als seinem Apollon nach dem
Siege über Maximianus Herculius im J. 308 die kostbarsten Weihgeschenke darbrachte: Eumenius in Panegyr. in Const. 21; und
dessen Bild er auch später noch auf seinen Münzen anbringen
liess mit der Inschrift: Soli invicto comiti: Eckhel Doctr. num.
VIII p. 75. Nach Nicephorus Callistus VII, 49 hielt die Statue
auch in der Rechten einen grossen goldenen Apfel mit der Inschrift: σοὶ Χριστὲ ὦ θεὸς παρατίθημι τὴν πόλιν ταύτην.

byllenspruch es vorausgesagt hatte [129], und wie die constante Tradition der Byzantiner behauptet, das heimlich aus Rom weggenommene Palladium mit vielen andern Schicksalspfändern des Reiches beisetzen: damit so lange sie dieses Heiligthum bewahre, die Stadt unversehrt bleibe [130]. An diese Porphyrsäule und was sie enthielt knüpfte sich dann bis in späte Zeiten hinab unter den Christen der Hauptstadt ein förmlicher abergläubischer Cultus, indem man sie durch angezündete Wachskerzen und Weihrauch verehrte, und durch Gelübde und Bittgebete zur Abwehr jeder Noth anrief [131]: wie es denn überhaupt schwerlich wird geleugnet werden können, dass seit dieser Zeit dem wahren Christenthum ein hellenisches Christenthum angewachsen ist [132]. In der Nacht vom 28. auf den 29. März 416 hat sich von der Basis dieser Säule ein grosser Stein abgelöst, worauf dann in demselben Jahre alle Wirbelsteine

---

[129] Ich beziehe nemlich auf diese Transferirung des Palladiums nach Constantinopel den Vers der Epirotischen Sibylle Phaëllo oder Phaënnis über die einstige Vergrösserung von Byzanz, worin es heisst, dass der dortige grosse krummklauige Löwe einst Kleinodien aus dem väterlichen Lande (nach Byzanz) wegbringen werde, ὅς ποτε κινήσει πατρίας κειμήλια χώρας: Zosimus II, 37, 1.

[130] Der älteste Schriftsteller der dieser Tradition erwähnt, ist Moses von Chorene II, 85 p. 221; dann Procopius De bello Gothico I, 15 p. 78, 18. Anonymus Banduri p. 14, A. B. Johannes Malalas p. 320. Chronicon Paschale I p. 528. Zonaras XIII, 3. Ge. Codinus De signis Const. p. 41.

[131] Philostorgius II, 17.

[132] Socrates 1, 22 p. 55, A: παρεφύη γὰρ μικρὸν ἔμπροσθεν τῶν Κωνσταντίνου χρόνων τῷ ἀληθεῖ Χριστιανισμῷ ἑλληνίζων Χριστιανισμός.

derselben neu gebunden wurden[133]; und am 5. April
1101 wurde die Statue des Constantinus auf ihr durch
einen heftigen Sturm und durch den Blitz zerschmettert[134]: der grössere Theil der Säule selbst aber steht
bekanntlich noch heute, und die Kleinodien in ihrer
Basis, die ältesten Heiligthümer der europäischen
Culturgeschichte, harren fortwährend ihrer Erlösung.
Wenn dies Palladium, welches Troja mit Rom[135], Rom
mit Constantinopel verknüpft hat, und dieses mit einer
andern Stadt auf slawischer Erde verknüpfen wird, aus
seiner engen Behausung befreit zum drittenmal aufsteigt
an das Licht der Sonne: dann erst wird der gegen-
wärtige Welttag unter — und unsern Enkeln vielleicht ein neuer aufgehen.

Wie hier inmitten seiner Stadt und des Staates
Heidnisches und Christliches sich gemischt und durch-
drungen haben, so machte auch er selbst für seine
Person von Gegenständen christlicher Verehrung einen
hellenischen Gebrauch, indem er nicht nur das Mono-
gramm Christi, welches er auf dem Labarum hatte
anbringen lassen, auch auf seinem Helme trug zur

---

[133] Chronicon Paschale I p. 573, 9 ff.

[134] Zonaras XIII, 3. Johannes Curopalates im Anhang zu Cedrenus
T. II p. 742. Michael Glycas Ann. IV p. 617. Georgius Codinus De orig. Const. p. 15, 10 ff. und De signis Const. p. 41, 11 ff.

[135] Aretinus bei Dionysius Hal. I, 68. 69. Apollodorus III, 12. 3.
Clemens Al. Cohort. 4 p. 41. 42. J. Firmicus Maternus De errore prof. relig. 16. Joh. Malalas p. 109. Chronicon Paschale
p. 204. Cedrenus I p. 229 und die bekannten Abhandlungen von
Fr. Cancellieri Le sette cose fatali di Roma antica, Roma 1812
sowie von Gerhard und von Paucker über die Palladien.

Schutzwehr wider alle Feinde[136], sondern auch von
den Nägeln der Wundmale Christi einen auf seinem
Helme und einen zweiten an dem Zaume seines Rosses befestigen liess. Diese Nägel des Kreuzes, welches
anfangs von Juden und Heiden verlacht und verachtet
worden, sollten jezt, durch den Herrn beider zu Ehren
gebracht, der eine das Haupt des Kaisers, der andere
die Zügel seiner Herschaft schmücken und schützen,
damit das Wort des Propheten sich erfülle: dass der
Held der Zukunft einen geweihten Hut aufsetzen und
auf den Zügeln seines Rosses geschrieben sein solle:
heilig dem Herrn[137].

Doch ist nicht zu leugnen dass seit dieser Zeit
die Christen die von ihrer Religion geforderte Mässi-
gung den Heiden gegenüber vielfach verlezt, dass
der plözliche Glückswechsel wodurch sie aus Verfolgten Herschende geworden waren, auch ihnen den Gleich-
muth der Seele verwirrt[138]; dass Constantinus selbst
in Wiedervergeltung der früheren blutigen Christen-
verfolgungen nunmehr den Stil gegen das Heidenthum umgekehrt habe, wenn auch ohne Blutvergiessen[139]; dass sein Eifer in Zerstörung der Götterbilder

---

[136] Eusebius v. Const. I, 31.

[137] Ambrosius De obitu Theodosii §. 40. 47 ff. Socrates I, 17 p. 47, C.
Sozomenus II, 1 p. 442, B. Theodoretus I, 18 p. 48, B. Rufinus I, 8 p. 229. Nicetas Choniata Hist. p. 583 f. mit Berufung
auf Ps. 21, 4. und Zaccharias 3, 5. 14, 20.

[138] Beugnot Histoire de la destruction du paganisme en occident, Pa-
ris 1835. tom. I p. 116.

[139] Orosius VII, 28 p. 540: tum deinde primus Constantinus justo
ordine et pio vicem vertit . edicto siquidem statuit citra ullam

und ihrer Tempel, deren Einkünfte er den christlichen
Kirchen überwies[140], die Grenze des Erlaubten oft
überschritten, und dass er viele der saecularisirten
Tempelgüter auch an Personen seiner Umgebung ver-
schenkt, denen dies wie Libanius bemerkt keinen Segen
gebracht hat[141]: so dass es wol nur eine vereinzelte
Thatsache ist, wenn er noch in den lezten Jahren
seiner Regierung am 7. Aug. 335 und am 21. Mai
337 verordnet hat, dass den heidnischen Priestern in
Africa ihre alten Privilegien und Immunitäten auf
ewige Zeiten unversehrt bleiben sollten[142]. Und dennoch, in seltsamer Ironie gegen dies alles, hat gerade
der heidnische Senat Roms den Constantinus, den
novator turbatorque priscarum legum et mo-
ris antiquitus recepti wie Julianus ihn nennt[143],
nach seinem Tode vergöttert, inter divos retulit[144],
während die Römische Kirche, wie viel sie ihm auch
verdankte, ihn unter die Zahl ihrer Heiligen nicht
aufgenommen hat.

Dass hienach die Söhne dieses Mannes, Constantius und Constans, deren ersterem der Orient, dem

---

hominum caedem paganorum templa claudi, und wörtlich ebenso
in den Exc. Vales. ad calcem Ammiani §. 34.

[140] Theophanes Chronogr. I p. 42, 9 ff. Cedrenus I p. 518.

[141] Libanius II p. 185, 7 ff. vergl. Cod. Theod. X, 1, 8.

[142] Cod. Theod. XII, 1, 21. XII, 5, 2.

[143] Ammianus Marcellinus XXI, 10, 8.

[144] Eutropius X, 8 und die Inschrift bei Orelli Nr. 3169 nebst Beugnot
I, 109 ff. Seine Zeitgenossen sagten von ihm: decem annis præ-
stantissimus, duodecim sequentibus latro, decem novissimis pupil-
lus ob profusiones immodicas nominatus: Hist. misc. XI p. 74, E.

andern der Occident zugefallen war [145], die Gewalt-
maasregeln der lezten Regierungsjahre ihres Vaters gegen den Hellenismus noch überboten haben, war unter
diesen Umständen ebenso natürlich als dass nach ihnen
eine entgegengesezte Reaction erfolgte. Es ist ja die
Natur jedes neuen Principes sich bis in die lezten
Consequenzen zu entwickeln, und ein charakteristisches
Merkmal jeder ausgelebten in sich haltlosen Generation
stets zwischen Extremen, Revolution und Restauration,
zu schwanken. Welcher Fanatismus unter einem grossen Theile der damaligen Christen herschte, beweist
der Apologet Julius Firmicus Maternus in der an beide
Kaiser gerichteten Schrift über den Irrwahn der heidnischen Religionen, worin es unter anderem heisst:
Abgebrochen ihr Kaiser, und gänzlich zerstört werden müssen die Tempel, damit nicht länger der ver-
derbliche Wahn den Römischen Erdkreis beflecke: dazu hat euch der höchste Gott die Herschaft übertragen, damit durch euch jener Krebsschaden geheilt
werde. Wenig nur fehlet ja noch dass durch eure Geseze der alte Götzendienst von Grund aus zerstört
ist. Richtet auf die Standarte des Glaubens, euch
hat Gott sie aufbehalten, die Vertilgung der Idolola-
trie und ihrer Tempel. Hinweg also nehmet, hinweg getrost den Schmuck der Tempel, in den Feuer-
ofen und in die Münze mit jenen Göttern; verwendet
alle Weihgeschenke zu euerem und des Herrn Nutzen:
nach Ausrottung der Tempel und wenn keine Spur
des Heidenthums mehr übrig ist, seid höher ihr selbst

---

[145] Sozomenus III, 2.

durch Gottes Kraft erhoben, habt besiegt die Feinde
und das Reich erweitert [146]. Und in derselben Sprache
abgefasst erliess dann Constantius im J. 341 für die
morgenländischen Provinzen folgendes Lakonische
Edict: Aufhören soll die heidnische Superstition, ver-
tilgt werden der Wahnsinn der Opfer; wer immer, zuwider dem Gesecze meines Vaters und diesem meinem
eigenem Befehle, es wagt Opfer zu begehen, den soll
sofort die angemessene Strafe treffen. [147]. Verboten
wurden insbesondere und aufs strengste geahndet alle
nächtlichen sogenannten magischen Opfer [148]; nur
die ausserhalb der Stadtmauern gelegenen Tempelgebäude, an welche sich öffentliche Spiele knüpften,
sollten unversehrt erhalten werden [149]. Da jedoch diese
Befehle wie es scheint nicht überall vollzogen wurden,
theilweise darum weil in ihnen keine bestimmte Strafe

---

[146] J. Firmicus Maternus De errore prof. relig. 17 p. 65 f. 21 p. 83 f.
    29 p. 112. 115.

[147] Cod. Theod. XVI, 10, 2: cesset superstitio, sacrificiorum aboleatur
    insania . nam quicunque contra legem divi parentis nostri et hanc
    nostrae mansuetudinis jussionem ausus fuerit sacrificia celebrare,
    competens in eum vindicta et praesens sententia exseratur; und
    ebenso berichtet Libanius II p. 163. 4 dass der ganz von seinen
    Eunuchen beherschte Constantius alle Opfer verboten habe: μη-
    κέτι εἶναι θυσίας: so dass kein Grund ist, unter jenen verbote-
    nen Opfern nur die magischen zu verstehen, oder gar den wirk-
    lichen Erlass des ganzen Edictes zu bezweifeln.

[148] Cod. Theod. XVI, 10, 5. (Magnentius, der diese Opfer erlaubt
    hatte, war selbst der Magie ergeben: Athanasius Apolog. ad Con-
    stantium 7 T. I p. 299. E.) Das Vermögen der wegen Majestäts-
    beleidigung und der wegen Magie zum Tode Verurtheilten, fiel dem
    Fiscus zu: Cod. Theod. IX. 42. 2.

[149] Cod. Theod. XVI, 10. 3.

ausgesprochen war [150], so fand Constantius für gut
am 1. Dec. 353 zu bestimmen und am 18. Febr. 356
zu wiederholen: dass aller Orten und in allen Städten
sofort die Tempel geschlossen und durch dieses Verbot allen Heiden die Möglichkeit sich zu verständigen
genommen werde. Auch ist es unser Wille, dass alle
sich der Opfer und der Verehrung der Götterbilder
enthalten sollen, und dass wer sich so etwas unter-
fängt, durch das rächende Schwert niedergeschlagen
werde, gladio ultore sternatur. Das Vermögen
des Hingerichteten aber soll dem Fiscus zufallen; und
gleicherweise sollen die Vorstände der Provinzen bestraft werden, wenn sie es versäumen diese Verbrechen
zu ahnden [151].

So weit also war man ein Menschenalter nach
dem Mailänder Edicte gekommen, dass es als ein
todeswürdiges Verbrechen bestraft wurde den alten
Glauben auszuüben, dem gegenüber der neue als ein
geduldeter erklärt worden war. Und dass diese Geseze nur geschrieben, nicht ausgeführt worden seien,
darf bei dem bekannten Charakter des Constantius, der

---

[150] Libanius II p. 524, 3 ff.

[151] Cod. Theod. XVI, 10, 4. XVI, 10, 6. Vergl. die von Athanasius
erzählte Anecdote bei Sozomenus IV, 10 p. 549, D über die Ausführung dieses Edictes in Alexandrien, und Sozomenus selbst III, 17.
Auf diese Geseze, das Verbot der Opfer und der Bilderverehrung
und das Schliessen der Tempel, scheint sich auch die Klage des
Sallustius De diis et mundo c. 18 zu beziehen, der jedoch meint
die verständigen Götterverehrer sollten sich durch diese Gottlosigkeit nicht erschrecken lassen.

von Natur engherzig [152], jeder hämischen Einflüsterung
zugänglich war [153], und unter dessen Regierung niemand sich eines Beispieles erinnerte dass ein Ange-
klagter unbestraft geblieben sei [154], bei der unersätt-
lichen Raubgier der Fiscale, die auch damals schon der
Regierung mehr Hass als Geld eintrug [155], und bei
den vielfachen Klagen heidnischer und christlicher
Schriftsteller über den Tempelraub des Kaisers und
seiner Hofbeamten [156], leider nicht angenommen werden. Dass aber demohngeachtet diese Geseze, zunächst für die morgenländischen Provinzen erlassen,

---

[152] Ammianus XIX, 12, 5: ut erat angusti pectoris.

[153] Ammianus XX, 2, 2: imperator ex opinione pleraque aestimans et
insidiantibus patens.

[154] Ammianus XIV, 5, 9: nec quisquam facile meminit sub Constantio
quemquam absolutum: und die ausführliche Charakterschilderung
des Constantius XXI, 16.

[155] Ammianus XXI, 16, 17: flagitatorum rapacitas inexpleta, plus
odiorum quam pecuniæ conferentium.

[156] Ammianus XXII, 4, 3: pasti templorum spoliis, und die dazu von
Valesius angeführten Stellen des Libanius I p. 248, 18 ff. 509,
4 ff. 529, 15: τῶν ἱερῶν πλοῦτον εἰς τοὺς ἀσελγεστάτους μεμε-
ρισμένον. 564, 12 ff. und II p. 185, 3. III p. 436, 21. womit was
die Habgier der ganzen Umgebung des Kaisers betrifft, auch christliche Schriftsteller, ja selbst der Römische Bischof Liberius bei
Sozomenus IV, 11 p. 552, C übereinstimmt, und wogegen sich am
stärksten der Bischof Hilarius Pictaviensis Contra Constantium 10
p. 1245, B erklärt hat: auro reipublicæ sanctum dei oneras, et
vel detracta templis, vel publicata edictis, vel exacta poenis deo
ingeris; und 12. p. 1247, B: quæ omnia conscientia publica te-
nentur, non a me maledicta sunt, sed vera: wie denn überhaupt
kein heidnischer Schriftsteller dem Despotismus dieses Kaisers so
schroff entgegengetreten ist als der milde Hilarius: veritatis enim
ministros decet vera proferre: p. 1241, B.

nicht überall gleichmässig ausgeführt werden konnten, ist freilich ebenso gewiss. Denn während ausdrücklich bezeugt wird, dass im J. 359 aus Anlass einiger Befragungen des Orakelgottes Besa an der Grenze der Thebais, zahlreiche und sehr gehässige Criminalprocesse gegen die angesehensten Männer mit Anwendung der Folter stattgefunden haben [157]; wurde in demselben Jahre in Rom, als in Folge heftiger Seestürme die Getreideschiffe ausblieben und eine Hungersnoth drohte, durch den Stadtpraefecten Tertullus im Tempel des Kastor und Pollux bei Ostia nach alter Sitte ein feierliches Opfer dargebracht, wonach das Meer sich beruhigt habe und die ersehnten Schiffe mit vollen Segeln in den Hafen eingelaufen seien [158]; und gleicherweise wird uns bezeugt, dass bei der Anwesenheit des Constantius zu Rom im J. 356 die Tempel

---

[157] Ammianus XIX, 12. Das Orakel des Mopsos in Cilicien bestand noch unter der Regierung des Constantius im J. 353: Ammianus XIV, 8, 3.

[158] Ammianus XIX, 10, 4. und dass dies überhaupt damals noch ein Volksfest gewesen, bezeugt in derselben Zeit des Aethicus Cosmographia p. 716 im Anhange des Gronovischen Mela: Tiberis insulam facit inter portam urbis et Ostiam civitatem, ubi populus Romanus cum urbis praefecto vel consule Castorum celebrandorum causa egreditur solennitate jucunda; ja noch zu Ende des fünften Jahrhunderts der Pabst Gelasius in dem Briefe an den Römischen Senator Andromachus in (Ant. Carafa's) Epistolae decretales Pontificum T. I P. 2. p. 412, D: Castores vestri, a quorum cultu desistere noluistis, cur vobis opportuna maria minime praebuerunt, ut hiemis tempore venirent huc navigia cum frumentis, et civitas inopia minime laboraret? an diebus sequentibus hoc futurum est aestatis, a deo constitutum beneficium est, non Castorum vana persuasio.

des Capitolinischen Jupiter, der Roma, und das Pan-
theon noch in alter unversehrter Pracht dastanden [159].

Wie verständige und wolwollende Heiden das damalige Christenthum und die Stellung des Constantius
zu demselben beurtheilten (der übrigens wie sein Vater
die Taufe auch erst kurz vor seinem Tode empfangen
hat [160]), beweisen die bekannten Aussprüche des Ammianus Marcellinus: Die so klare und einfache christliche Religion habe Constantius mit altweibermässigem
Aberglauben vermischt, und durch abstruse Subtili-
täten die er, statt sie durch sein Ansehen zu beschwichtigen, habe aufregen lassen, eine Unmasse von Streitigkeiten hervorgerufen, und ein weitläufiges Wortge-
zänk: so dass jezt kein wildes Thier dem Menschen
so feindselig sei, als die verschiedenen christlichen
Secten einander mit tödtlichem Hasse verfolgten [161]:
ein Urtheil welches übrigens troz seiner subjectiven
Wahrheit dennoch vom Standpunkte der Geschichte
insofern verkehrt ist, als darin übersehen wird, dass

---

[159] Ammianus Marcellinus XVI, 10, 14 mit den Interpp.

[160] Socrates II, 47 p. 161. D.

[161] Ammianus XXI, 16, 18: Christianam religionem absolutam et sim-
plicem anili superstitione confundens: in qua scrutanda perplexius
quam componenda gravius, excitavit discidia plurima; quæ pro-
gressa fusius aluit concertatione verborum cet. und XXII, 5, 4:
nullas infestas hominibus bestias, ut sunt sibi ferales plerique
Christianorum. In dem Streite zwischen Damasus und Ursinus um
den bischöflichen Stuhl in Rom im J. 367 fand man an einem Tage
in der Basilica des Sicininus hundert siebenunddreissig Erschlagene,
Katholiken durch Katholiken: Ammianus XXVII, 3, 12 ff. vergl.
9, 9. Socrates IV, 29.

im kirchlichen wie im politischen Leben die blosse
Gutmüthigkeit keineswegs ausreicht, sondern dass darin
auch der Teufel sein Recht hat, ja dass in der Kirche
noch mehr als im Staate alle Consequenzen der im-
manenten Principien entwickelt und durchgekämpft
werden müssen.

Es folgte der Kaiser Julianus, eine jener tragischen
Persönlichkeiten, die auf die Grenze zweier Weltalter
gestellt, statt die Zukunft kühn zu erfassen und in
deren Sinne zu handeln, rückwärts gewendet sich
stärker von der Vergangenheit angezogen fühlen,
und indem sie der fortschreitenden Bewegung der Geschichte sich widersetzen, statt des Hammers Amboss,
und dann von einem stärkeren Arme zerschlagen
werden.

Wie er in diese Stellung gekommen sei, ist wenn
man sich ihn und seine Umgebung vergegenwärtigt,
psychologisch nicht schwer zu begreifen. Er war wie
sein Waffengenosse Ammianus ihn schildert von Natur
ein hellenischer heldenthümlicher Mann [162], der in un-
heroischer Zeit, unter gedrückten Lebensverhältnissen,
vielfach mishandelt, in sich selbst zurückgedrängt,
statt eines Helden ein Rhetor geworden ist. Die ur-
sprüngliche Frische und Tapferkeit seines Geistes [163],
vermöge deren er zu des Achilleus oder Alexanders
Zeiten diesen gleich hätte werden können, führte ihn

---

[162] Ammianus XXV, 4, 1: vir profecto heroicis connumerandus in-
geniis.

[163] Ammianus XVI, 1, 5.

in seiner Zeit dem Neuplatonismus und der Sophistik
zu, die aus einem Manne der That einen Freund der
Rede [164] aus ihm gemacht, seine heldenthümliche Ehr-
begierde zur Eitelkeit und Popularitätssucht [165] abge-
schwächt, die heroische Elasticität seiner Seele zu
starrsinniger Hartnäckigkeit [166] verkehrt, und sein gan-
zes Wesen, in lauter inneren Widersprüchen, fast bis
zum Wahnsinne verzerrt haben [167]. Das damalige Christenthum wie es in seiner nächsten Umgebung ihm
entgegengetreten, sagte seiner Individualität nicht zu;
der Hass mit dem die verschiedenen christlichen Confessionen sich gegenseitig angefeindet [168] und die ganze
Art wie die christlichen Kaiser je ihre Confession begünstigt und die hellenische verfolgt haben, mussten
ihn innerlich abstossen und gegen die Sache der Unter-
drücker für jene der Verfolgten einnehmen. Statt
eines Aristoteles wurden der Grammatiker Nikokles,
der Neuplatoniker Maximus, und der Sophist Libanius
seine Lehrer die, wie sie selbst nur von der Vergangenheit zehrten, auch seine hungernde Phantasie nur
mit Bildern vergangener Herlichkeit zu nähren und

---

[164] Julianus Epist. 9: ἐμοὶ δὲ βιβλίων κτήσεως ἐκ παιδαρίου δεινὸς
ἐντέτηκε πόθος.

[165] Ammianus XXII, 13, 1: popularitatis amor. XXV, 4, 18: vulgi
plausibus laetus, laudum etiam in minimis rebus intemperans ad-
adpetitor.

[166] Ammianus XXII, 13, 2: nusquam a proposito declinabat.

[167] Ammianus XXV, 4, 16: levioris ingenii. Gregorius Naz. Or. V,
23 p. 162, A: ὀφθαλμὸς σοβούμενος καὶ περιφερόμενος καὶ μανι-
κὸν βλέπων.

[168] S. die Anm. 161 angeführten Stellen des Ammianus XXI, 16, 18.
XXII, 5, 4. XXVII, 3, 12 ff. 9, 9.

zu deren Nachahmung anzueifern wussten [169]. Sie lasen mit ihm den Homer und die andern grossen Dichter und Prosaiker, veranlassten ihn sich in die Eleusinischen Mysterien einweihen zu lassen [170], sagten ihm dass man in Religionsangelegenheiten alle Neuerungen fliehen, an dem Alten von der Gottheit selbst Gegebenen festhalten müsse, dass die Musenkünste aufs engste mit dem Musencultus zusammen hiengen, dass mit der väterlichen Religion auch die alte Litteratur und Kunst, der Staat selbst und das Leben gesunken sei [171], und dass er von den Göttern berufen sei das alles wiederherzustellen (ἐπανάξειν τὰ πάτρια) [172]. Und als er dann aus dem friedlichen Schatten der Platonischen Akademie zu Athen, gleich nach seiner Erhebung zum Caesar am 6. Nov. 355 zur Armee nach Gallien eilte, und ihm dort bei seinem Einzuge in Vienna alles freudig entgegenströmte, da traf es sich dass eine blinde Alte als sie seinen Namen gehört, sogleich ausrief:

---

[169] Socrates III, 1. Sozomenus V, 2. Libanius I p. 24 f. 376. 459 f. 528. Eunapius v. Maximi p. 47 ff.

[170] Eunapius v. Maximi p. 52.

[171] Julianus Epist. 63 p. 453, B. Libanius I p. 405, 2 ff. III p. 437, 2: οἰκεῖα καὶ συγγενῆ ταῦτα ἀμφότερα, ἱερὰ καὶ λόγοι, καὶ φιλοσόφοις μὲν καὶ σοφισταῖς, καὶ ὅσοι τῆς πρὸς τὸν Ἑρμῆν τε καὶ Μούσας τελετῆς. Vergl. Himerius Or. XXI, 2. Das Christenthum erschien demnach dem Julianus als eine fehlerhafte Vermischung gerade der schlechteren Elemente Mosaischer und Hellenischer Institutionen, der jüdischen Starrsinnigkeit und des hellenischen Indifferentismus, ἀσέβειαν ἔκ τε τῆς Ἰουδαϊκῆς τόλμης καὶ τῆς παρὰ τοῖς ἔθνεσιν ἀδιαφορίας καὶ χυδαιότητος συγκειμένην: Cyrillus adv. Julianum p. 6 f. und p. 238.

[172] Libanius I p. 532, 5 ff.

Der ist es welcher die Göttertempel wiederherstellen wird[173]!

Um jedoch, wie Ammianus sagt, alle für sich zu gewinnen, bekannte er sich äusserlich zum Christenthum, von welchem er doch, wie seine vertrauten Freunde wussten, im geheimen längst abgefallen war; ja er erschien zu diesem Zwecke häufig in den Capellen der Märtyrer und noch am Feste der Epiphanie, am 6. Januar 361, absichtlich in der christlichen Kirche und begieng den Gottesdienst in feierlicher Weise mit[174]. Sogleich aber nach seinem Regierungsantritte warf er diese Maske ab und erliess ganz unzweideutige und gemessene Befehle, überall die Tempel wieder zu öffnen und auf den Altären zu Ehren der Götter die alten Opfer von neuem darzubringen[175]. Die durch Vernachlässigung in Verfall gerathenen Tempel, vor allen die zu Athen und Eleusis[176], befahl er wieder

---

[173] Ammianus XV. 8, 22: hunc deorum templa reparaturum.

[174] Vergl. den Brief des Gallus an Julianus in dessen Werken p. 454 f. und Julianus selbst Ad S. P. Q. Atheniensem p. 277, B. Libanius I p. 528. 17 ff. und Ammianus XXI, 2, 4: utque omnes nullo impediente ad sui favorem illiceret, adhaerere cultui Christiano fingebat, a quo jam pridem occulte desciverat rel. und ebenso Gregorius Naz. Or. IV, 23 f. 30. Zonaras XIII, 11. So dass Hilarius Pictaviensis Ad Constantium II, 2 p. 1225, C. ihn noch im Jahre 360: dominum meum religiosum, Caesarem tuum, Julianum: nennt.

[175] Ammianus XXII, 5, 2: planis absolutisque decretis aperiri templa, arisque hostias admoveri ad deorum statuit cultum. Libanius I p. 562, 7 ff. Himerius Or. VII, 9. 15. Johannes Chrysostomus II p. 359, C. Socrates III, 1 p. 167, D. Theodoretus III, 6 und Anonymi v. Athanasii 25 p. CXXIV, A.

[176] Mamertini Gratiarum actio Juliano c. 9.

herzustellen, die absichtlich zerstörten von neuem zu
erbauen, die umgestürzten Altäre wieder aufzurichten,
und den ganzen alten Ritus der Städte wiederzuer-
neuern. Er selbst gieng überall mit seinem Beispiele
voran und begünstigte jeden der darin ihm folgte [176].
Libanius bezeugt ausdrücklich von ihm: dass er jeden
Tag mit einem Blutopfer den aufgehenden Sonnengott empfangen und mit einem Blutopfer den untergehenden begleitet, und selbst bei dem Opfer mitge-
wirkt, um den Altar gelaufen, das Schlagholz ange-
fasst und das Messer gehalten [177], und dass er um
diesen Pflichten besser nachkommen zu können, mitten
in seinem Palaste dem Sonnengott einen Tempel errichtet habe [178]. Alle alten Privilegien der Mystagogen,
der Priester, der Hierophanten und des ganzen Opfer-
personales stellte er wieder her, gab den Neokoren
die frühere Getreidebesoldung zurück, empfahl ihnen
die strenge Beobachtung der heiligen Gebräuche; liess
den Nilmesser den Constantinus aus dem Serapistempel
in die christliche Kirche hatte bringen lassen, wieder
in das Serapeum zurückbringen; nahm der christlichen
Stadt Constantia die Vorrechte mit denen Constantinus
sie begünstigt hatte [179]; und liess die christliche Stadt

---

[176] Sozomenus V, 3.

[177] Libanius I p. 394. 395: αἵματι μὲν δεχόμενος ἀνίσχοντα τὸν
θεὸν, αἵματι δὲ παραπέμπων εἰς δύσιν . . αὐτουργεῖ, περι-
τρέχει, καὶ σχίζης ἅπτεται καὶ μάχαιραν δέχεται κτλ. Vergl.
1. p. 81 ff. 508, 14 ff. 529. 564, 12 ff. II p. 188, 5 ff.

[178] Libanius I p. 564, 24: ἐν μέσοις τοῖς βασιλείοις ἱερὸν οἰκοδο-
μεῖται τῷ τὴν ἡμέραν ἄγοντι θεῷ.

[179] Sozomenus V, 3.

Caesarea in Kappadocien aus dem Album der Städte streichen, weil sie ihre Tempel des Zeus πολιοῦχος und des Apollon πατρῷος schon früher, und den ihrer Tyche sogar unter seiner des Julianus Regierung zu zerstören gewagt hatte: welche leztere That ihn so sehr soll empört haben, dass nur der Gedanke an das Blut der Märtyrer, aus dem das Christenthum stets neue Kräfte geschöpft, von blutiger Rache ihn abgehalten habe[180]. Den christlichen Klerikern dagegen nahm er die Immunitäten, Ehren und Getreidebesoldungen die seine Vorgänger ihnen verliehen hatten, zwang die Kirchenverwaltungen die unter Constantinus und Constantius zerstörten Göttertempel entweder selbst wiederaufzubauen oder den Schätzungswerth zu bezahlen[181], und jeden der unter der vorigen Regierung Tempelgüter geraubt oder geschenkt erhalten hatte, dieselben wiederherzugeben[182]. Endlich was selbst Ammianus als eine unfreundliche Härte tadelt, erlaubte er sich gleich im Beginne seiner Regierung[183] den christlichen Rhetoren und Grammatikern, wenn

---

[180] Sozomenus V, 4. vergl. VI, 6 p. 645, A. Gregorius Naz. Or. IV, 92 und Libanius selbst T. I p. 562, 19 ff. und p. 563, 3: ταῖς σφαγαῖς ὁρῶν ηὐξημένα τἀκείνων, da er gesehen, dass durch Hinrichtungen die Sache der Christen nur gewachsen sei.

[181] Ein Bruchstück des Gesezes selbst im Codex Theodosianus X, 3, 1 und Näheres bei Gregorius Naz. Or. IV, 90. Sozomenus V, 5 p. 600, B. D. Theodoretus I, 11. III, 6.

[182] Libanius Epist. 673. 730.

[183] Gregorius Naz. Or. IV, 6 p. 80, D: ἐν ἀρχῇ τῆς ἑαυτοῦ βασιλείας: wonach Wiggers in Illgens Zeitschrift VII p. 143 zu berichtigen ist.

sie nicht zu dem Göttercultus übergiengen, das Lehren
der freien Künste zu verbieten [184]: welchen Befehl er
selbst geschickt damit zu vertheidigen suchte dass er
sagte, die Lehrer sollten nicht blos Worterklärer sondern auch sittliche Erzieher sein, und da sei es wider-
sinnig dass Christen die heidnischen Classiker, deren
religiösen Glauben sie verachteten, nichtsdestoweniger
sollten erklären können [185].

---

[184] Ammianus XXII, 10, 7 und XXV, 4, 20: illud inclemens, quod
docere vetuit magistros rhetoricos et grammaticos Christianos, ni
transissent ad numinum cultum; ebenso Johannes Chrysostomus II
p. 579, E. 580, A. und Orosius VII, 30: aperto praecepit edicto,
ne quis Christianus docendorum liberalium studiorum professor esset:
in Folge welches Edictes unter andern auch die beiden Rhetoren
Prohaeresius und Fab. Marius Victorinus, welche nachdem sie Christen
geworden, sich weigerten zum Heidenthum zurückzukehren, ihre
Lehrstellen in Athen und in Rom niederlegen mussten: Eunapius
v. Prohaeresii p. 92. Hieronymus in Chronico ad ann. 366 und
Augustinus Confess. VIII, 2. 5. Wenn andere christliche Schriftsteller berichten: Julianus habe den Christen nicht blos das Lehren sondern auch das Lernen der freien Künste verboten: Gregorius Naz. Or. IV, 5 f. 100 ff. Sozomenus V, 18 p. 623, B. Rufinus Hist. eccles. 1, 32. Augustinus C. D. XVIII, 52. Isidorus
s. Mellitus in Chronico bei Florez Esp. sagr. VI p. 462: Christianos liberales litteras docere ac discere vetuit: so ist das ungenau,
obgleich im Erfolge richtig, da die Christen natürlich ihre Kinder
nicht wollten heidnisch unterrichten lassen.

[185] Julianus Epist. 42 p. 422, 423, A: ἄτοπον μέν οἶμαι τοὺς ἐξη-
γουμένους τὰ τούτων, ἀτιμάζειν τοὺς ὑπ' αὐτῶν τιμηθέντας θεούς.
Die eigentliche Absicht des hämischen Verbotes war, die Christen
des Vortheiles der hellenischen Bildung zu berauben, und zu ver-
hüten, dass sie den Hellenismus nicht mit seinen eigenen Waffen
sollten bekämpfen können: Socrates III, 12 p. 184, A. III, 16 p.
187, B. Theodoretus III, 8. Historia miscella XI p. 78, A. Zonaras XIII, 12.

Da er übrigens die innere Schwäche des hellenischen Priesterthums ebenso gut als ihm gegenüber
die Stärke des christlichen kannte, so machte er folgenden merkwürdigen Versuch jenem den Geist dieses
einzuflössen. Der Hellenismus, so schreibt er an Ar-
sacius den Erzpriester von Galatien [156], der Hellenismus gedeiht noch nicht nach unserem Willen, durch
die Schuld seiner Bekenner. Die Sache der Götter
zwar, Adrastea sei mir gnädig, steht glänzend und
gross da, über alle Wünsche und Hoffnungen; das
aber reicht nicht hin, da wir sehen was ihre Feinde
so stark macht: ihre Menschenliebe gegen die Fremdlinge und Armen, ihre Sorgfalt für die Todten, und
ihre wenn auch gemachte Heiligkeit des Lebens: was
alles auch von uns in Wahrheit muss geübt werden.
Denn es ist nicht genug dass du allein so bist, auch
alle übrigen Priester in Galatien sollen so sein: die
du darum entweder so machen, oder vom Priester-
thume entfernen musst, wenn sie nicht mit Weib und
Kind und Diener die Göttertempel besuchen, sondern
sogar dulden dass ihre Hausgenossen, ihre Söhne und
und ihre Frauen Galiläer [157] sind die unsere Götter
verachten [158]. Auch ermahne alle Priester, dass sie

---

[156] Julianus Epist. 49 nebst der ausführlichen Instruction p. 288—305,
und dem hier wie überall vollkommen ehrlichen und zuverlässigen
Sozomenus V, 16. Vergl. auch Gregorius Naz. Or. IV, 111 wonach Julianus auch die christlichen Schuleinrichtungen nachge-
ahmt und für den Hellenismus nuzbar zu machen gesucht hat.

[157] So nennt er stets die Christen, ja befahl sogar durch ein eigenes
Edict, dass sie so genannt werden sollten: Gregorius Naz. Or. IV,
76 und Johannes Chrysostomus II p. 575, A.

[158] Also so weit war es bereits gekommen, dass selbst heidnische

nicht ins Theater, nicht ins Weinhaus gehen, keinerlei un-
ehrenhafte Gewerbe treiben [189], keine schlechten Bücher
lesen, sondern nur fromme, vorzugsweise der Pytha-
gorischen, Platonischen, Aristotelischen, und Zeno-
nischen Schule, vor allem aber die Hymnen die beim
Cultus gesungen werden, und dass sie keinen Tag
und keine Nacht ohne Gebete und Opfer sollen vorübergehen lassen [190]. Ferner musst du in jeder Stadt
Xenodochien [191] anlegen, damit nicht nur unsere son-

Priester christliche Frauen und Kinder hatten! Über die Entfer-
nung unwürdiger Priester vom Amte vergl. auch Juliani Epist. 62.

[189] Lauter Bestimmungen die nach der bekannten Paulinischen Maxime
ad Timoth. II, 2, 4: nemo militans deo implicat se negotiis sae-
cularibus: frühzeitig kirchliche Sitte geworden, und auch in alten
Canones vielfach ausgesprochen sind, wie in denen des Conciliums
von Laodicea vom J. 364 in Justelli Bibl. juris canonici veteris
T. I p. 50 ff. §. 4: quod non oportet sacerdotes foenerari et usu-
ras quæ centesimæ dicuntur accipere. §. 54: quod non oportet sacerdotes aut clericos spectacula contemplari rel. Gleicherweise
heisst es in den Canones des Conciliums von Karthago vom Jahre
397 in der Ballerinischen Sammlung p. 94 ff. §. 11: ut filii episcoporum et clericorum spectacula saecularia non exhibeant nec spec-
tent, quandoquidem a spectaculis arcentur. §. 12: ut gentilibus
filii episcoporum vel quorumlibet clericorum matrimonio non con-
jungantur. §. 17: ut episcopi, presbyteri, et diaconi non ordinen-
tur, priusquam omnes qui sunt in domo eorum Christianos catho-
licos fecerint. §. 26: ut clerici edendi vel bibendi causa tabernas
non ingrediantur, nisi peregrinationis necessitate: und ebenso in
den Canones des Conciliums von Karthago vom J. 409 §. 15 f.
und §. 26.

[190] Julianus Op. p. 300 ff. Auf die Ausbildung der Tempelhymnik
und der heiligen Musik, ἱερὰ μουσική, nach dem Vorbilde des
christlichen Kirchengesanges, kommt er wiederholt zurück Epist. 56
p. 442, A.

[191] Über diese ξενοδοχεῖα und πτωχοτροφεῖα vergl. Epiphanius adv.

5*

dern auch andersgläubige Fremdlinge durch unsere
Menschenfreundlichkeit Aufnahme und Unterstützung
finden: zu welchem Zwecke ich befohlen habe, dass jedes Jahr dreisigtausend Modien Getraide und sech-
zigtausend Sextare Wein für ganz Galatien sollen ver-
abfolgt werden: wovon der fünfte Theil den armen
Ministranten der Priester zu Gute kommen, das
Übrige aber unter die Fremden und Bettler vertheilt
werden soll. Denn schimpflich ist es, wenn von den
Juden keiner bettelt, die götterfeindlichen Galiläer
aber nicht nur die ihrigen ernähren, sondern auch
die unsrigen, die wir hilflos lassen [192]. Wirke auch
durch Lehre dahin, dass die Hellenischgläubigen etwas
beitragen zu diesen Leistungen, und dass die hellenischen Dorfschaften die Erstlinge ihrer Früchte den
Göttern geben: gewöhne sie an diese Wolthätigkeit
und lehre sie, dass dies von alten Zeiten her unser Werk
sei; denn Homer ja schon lässt den Eumaeus sagen,
dass dem Zeus alle Fremdlinge und Bettler gehören,
und dass wenn auch klein die Gabe, sie lieb doch
sei. Wenn ich höre dass du also handelst, wird voll
Freude mein Herz sein. Die Statthalter sehe in ihren
Häusern selten, sondern theile ihnen das meiste schrift-

Haereses III, 1 p. 905, C: τοιαῦτα γάρ τινα κατασκευάζουσι
κατὰ φιλοξενίαν, καὶ τοὺς λελωβημένους καὶ ἀδυνάτους ἐκεῖσε
ποιοῦντες καταμένειν, ἐπιχορηγοῦσι κατὰ δύναμιν οἱ τῶν ἐκκλη-
σιῶν προστάται.

[192] Thatsachen dieser werkthätigen christlichen Menschenliebe ohne
Unterschied der Religion s. bei Lucianus De morte Peregrini 12 f.
Cyprianus De mortalitate p. 229 ff. Eusebius Hist. eccles. IX, 8
p. 292, A. B.

lich mit. Wenn sie in die Stadt einziehen, soll kein
Priester ihnen entgegengehen; wenn sie aber die Tempel der Götter besuchen, nur bis an die Vorthüren.
Auch soll kein Lictor ihnen voranschreiten, folgen
mag ihnen wer will. Denn sobald einer über die
Schwelle des Heiligthums eintritt, ist er Privatmann [193];
in dem Heiligthume aber befiehlst du, wie du weisst,
und wie die göttliche Satzung es fordert."

Ebenso hat er in merkwürdiger Weise versucht gewisse praktische Lehren des Christenthumes auch in die
heidnische Dogmatik zu verpflanzen: über Sündenvergebung und Busse [194]; über Wolthätigkeit auch gegen
Feinde: denn dem Menschen müsse man geben, nicht
seiner Denkungsart, jeder Mensch als solcher, er möge
wollen oder nicht, sei jedem andern blutsverwandt [195];
endlich dass man für die väterliche Religion, wie ja auch

---

[193] Dass es ihm damit Ernst war, bewies er thatsächlich dadurch dass
er das Volk in Constantinopel und in Antiochien, welches ihn.
wenn er die Tempel besuchte, mit Acclamationen empfieng, ernst-
lich tadelte; wenn er im Theater erscheine möge man ihn also
empfangen, in den Tempeln aber solle heilige Stille herschen und
nur die Gottheit gepriesen werden: Julianus im Misopogon p. 344
und in dem von Muratori edirten Fragmente, in Heylers Ausgabe
der Epistolæ Juliani 65 p. 134.

[194] Sozomenus V, 16 p. 618, C.

[195] Julianus Op. p. 290, 291: ὅτι καὶ τοῖς πολεμίοις ἐσθῆτος καὶ
τροφῆς ὅσον ἂν εἴη μεταδιδόναι· τῷ γὰρ ἀνθρωπίνῳ, καὶ οὐ
τῷ τρόπῳ δίδομεν . . ἄνθρωπος γὰρ ἀνθρώπῳ καὶ ἑκὼν καὶ
ἄκων πᾶς ἐστι συγγενής: ein Gedanke der übrigens aus M. Aurelius
Antoninus III, 4 entlehnt, und am trefflichsten von dem christlichen Bischofe Asterius von Amasea durchgeführt ist bei Photius
Cod. 271 p. 499, B, 39 ff.

die Galiläer thun, alles ertrage und wenn es sein müsse,
auch zu sterben nicht anstehe [196].

Dass unter diesen Umständen, nach dem Vorbilde
des Kaisers, der unter dem Schein der Milde sanft
zu unterjochen wusste [197], zahlreiche Apostasien von
der Kirche zu den Götteraltären stattgefunden [198]; dass
in Städten gemischter Bevölkerung die Christen in
vielfache Noth gerathen [199], es zwischen ihnen und den
Heiden auch zu blutigen Kämpfen gekommen; und
dass der Kaiser darin troz seiner Versicherung, dass
er nicht wolle, die Galiläer sollten getödtet oder mishandelt werden [200], dennoch in Bestrafung der ver-
übten Excesse nicht immer mit unparteiischer Strenge
verfuhr: das sind wie sie in der Natur der Verhält-

---

[196] Julianus Epist. 63 p. 453, D: ὡς αἱρεῖσθαι μὲν ὑπὲρ αὑτῆς
ὑποθνήσκειν, ἀνέχεσθαι δὲ πᾶσαν ἔνδειαν κτλ.

[197] Gregorius Naz. Or. IV, 57 p. 103, D. und IV, 79 p. 116, B: ἐπι-
εικῶς ἐβιάζετο. Libanius I p. 564, 10: κατεπᾴδων τε ἐνῆγε.

[198] Asterius Homil. p. 56, A. B. Combefis: als Julianus sein komisches
Drama eröffnet hatte (γυμνώσας τὸ δρᾶμα τὸ κωμικόν), wie viele
verliessen da nicht die Kirche und liefen den Altären zu! nun
aber gehen sie gezeichnet in den Städten umher und gehasst, so dass
man mit Fingern auf sie hinzeigt.. Nach dem Tode Julians aber,
berichtet derselbe Asterius in einer andern Homilie in Cotelerii
Monumenta ecclesiæ Græcæ II p. 41, 42 sah man das umgekehrte
Schauspiel: ἐπαύσαντο αἱ ἀποστασίαι καὶ ἤκμασαν αἱ γονυκλι-
σίαι, ἤργησαν αἱ τραγῳδίαι καὶ ἤνθησαν αἱ ψαλμῳδίαι. Hieronymus in Chronico ad ann. 365: Juliano ad idolorum cultum con-
verso blanda persecutio fuit, illiciens magis quam impellens ad
sacrificandum: in qua multi ex nostris voluntate propria corruerunt.

[199] Sozomenus V, 15 p. 616 D. 617, A. Theodoretus de Græc. aff.
cur. 9, 25 p. 347.

[200] Julianus Epist. 7. Vergl. Ammianus XXII, 10, 2.

nisse lagen, auch von Freunden und Feinden ausdrücklich bezeugte Thatsachen. Als im Jahre 362 der Pöbel von Alexandrien den Bischof Georgius und zwei
kaiserliche Beamte, Dracontius und Diodorus, die sich
unter der vorigen Regierung als eifrige Zerstörer des
Paganismus ausgezeichnet hatten, nunmehr im Vertrauen auf die veränderte Richtung der Hofgunst, fre-
velhaft mishandelt und ermordet hatte, erliess Julianus zwar ein Edict, worin er den begangenen Frevel detestirte und jede Wiederholung desselben mit
der Todesstrafe bedrohte[201]; als dann aber ähnliche
Frevel mit Phoenicischer Grausamkeit gegen die Christen und ihre Kirchen in Damaskus, in Askalon, in
Gaza, in Heliopolis, in Berytus, in Arethusa und an
andern Orten sich wiederholten, und er auch diese ungestraft liess, musste er dafür den offenen Tadel seines
eigenen heidnischen Hyparchen Salustius hinneh-
men[202].

---

[201] Ammianus XXII, 11. Julianus Epist. 10. Libanius Epist. 205
Socrates III, 2. 3. Sozomenus IV, 30. V, 7. Epiphanius adv.
Haereses III p. 912 f. und am genauesten der Anonymus in v.
Athanasii 24 p. CXXIII.

[202] Ambrosius Epist. 40, 15. Gregorius Naz. Or. IV, 86 — 93. Sozomenus V, 9. 10. Theodoretus III, 7. IV, 22 p. 180, A. 182, D.
183, C. Philostorgius VII, 4. Theophanes Chronogr. p. 72 f.
Chronicon Paschale p. 546 f. Nur in der Provinz Lydien kamen,
dank dem trefflichen Erzpriester Chrysantius, keinerlei Störungen
vor: Eunapius v. Chrysant. p. 110 f. Übrigens muss der Wahrheit gemäss bemerkt werden, dass zuweilen auch die Christen der
herausfordernde Theil in diesen Kämpfen gewesen sind. Als in
Folge der allgemeinen Julianischen Verordnungen Amachios, Archon
von Phrygien, einen hellenischen Tempel in der Stadt Meros wieder-

Wie aber beide Parteien innerlich zu einander standen, zeigt sich in folgenden Zügen sehr klar. Als der Kaiser in einer ihm wichtigen Sache das Apollonorakel in Daphne bei Antiochien befragen liess, wurde ihm erwidert: die Todtengebeine umher verhinderten den Gott zu antworten. Es hatte nemlich des Julianus Bruder, Gallus, gegenüber dem Apollontempel eine christliche Kirche erbauen und darin die Gebeine des Märtyrers Babylas beisetzen lassen. Julianus befahl diese zu entfernen, worauf die Christen in Antiochien, alt und jung, in einer feierlichen Procession den Sarg in die Stadt brachten, und zwar unter Psalmengesang dessen Refrain der Vers war: Schämen müssen sich alle die den Bildern dienen und die sich rühmen der Götzen[203]. Worüber der Kaiser begreiflicher Weise aufs höchste erbittert, einen der Vorsänger, den jungen Theodorus, foltern und blutig geisseln liess; der aber die Schmerzen, gleich als ob eines andern stärkere Kraft ihm beistehe, so heiteren Muthes ertrug, dass der vorgenannte Praefectus Praetorio Salustius, von der Standhaftigkeit des Jünglings erschüttert, dem Kaiser vorstellte: wenn er nicht von der Sache abstehe, so würden sie (die Heiden) lächerlich, die Christen aber, gegen welche mit solchen Dingen nichts

geöffnet und dem Cultus zurückgegeben, einige Christen aber aus übermässigem Eifer zur Nachtzeit in denselben eingedrungen, und die Cultusbilder zerstört hatten, befahl der Archon sie zu greifen, stellte ihnen anheim ob sie den Frevel durch ein freiwilliges Opfer sühnen wollten, und liess, als sie dessen sich geweigert, sie lebendig verbrennen: Socrates III, 15. Sozomenus V, 11.

[203] Ps. 97, 7.

auszurichten sei, würden nur um so glänzender da-
stehen: welchem Argumente dann auch der Kaiser
nachgab und die Galiläer laufen zu lassen befahl[204].
Ebenso musste er bei einer andern Gelegenheit nach-
geben, als er tückischer Weise die christlichen Soldaten zum Hellenismus hinüberzuziehen versuchte, indem er sie veranlasste in seiner Gegenwart, beim
Empfange der Donatives, etwas Weihrauch anzuzün-
den, die Soldaten aber dann, als sie den Trug ge-
merkt, ihm das Geld vor die Füsse warfen mit den
Worten: nur ihre Hand habe geopfert, nicht ihre Seele,
er aber möge sie jezt hinrichten lassen[205]. Und denselben unbeugsamen Widerstand in milderer Form
erfuhr er in Alexandrien, als er dort den Athanasius
an dessen überlegener Kraft alle Gegner sich zerschell-
ten, auch seinerseits aus der Stadt vertrieb; worauf
der vielgeprüfte und bewährte Mann seiner weinenden
Gemeinde nichts anderes erwiderte als die prophe-

---

[204] Sozomenus V, 19. 20. Theodoretus III, 10 f. Rufinus I, 35 f. Johannes Chrysostomus II p. 533, C ff. 560, C ff. 579, B. C. Vergl. Julianus
im Misopogon p. 361. und was den heldenmüthigen Theodorus betrifft: Gregorius Naz. Or. V, 40 und Augustinus C. D. XVIII, 52.
Bald nach diesen Vorgängen, in der Nacht des 22. Oct. 362 brannte
der Apollontempel in Daphne bis auf den Grund nieder, wie Ammianus angibt in Folge einer Unvorsichtigkeit des Philosophen
Asklepiades; Julianus aber hegte den Argwohn dass die Christen
das Feuer angelegt hätten, und liess deshalb auch die grosse Kirche
in Antiochien schliessen: Ammianus XXII, 13. Theophanes p. 76 ff.
Chronicon Paschale p. 462 f. Cedrenus I p. 536.

[205] Gregorius Naz. Or. IV, 82 ff. Sozomenus V, 17. Theodoretus
III, 16 f. Historia miscella XI p. 79, A. und das eigene Ge-
ständnis des Libanius I p. 578, 21 ff. wonach Ullmanns Gregorius von Nazianz p. 85 zu berichtigen ist.

tischen Worte: Seid gutes Muthes, es ist nur eine
kleine Wolke die schnell vorübergehen wird ($\vartheta \alpha \rho \rho \varepsilon \tilde{\iota} \tau \varepsilon$·
$\nu \varepsilon \varphi \acute{\nu} \delta \rho \iota o \nu$ $\gamma \acute{\alpha} \rho$ $\dot{\varepsilon} \sigma \tau \iota$ $\kappa \alpha \grave{\iota}$ $\vartheta \tilde{\alpha} \tau \tau o \nu$ $\pi \alpha \rho \varepsilon \lambda \varepsilon \acute{\nu} \sigma \varepsilon \tau \alpha \iota$)[206].

Und ebenso offenbarte sich in mancherlei anderen
Zeichen sehr charakteristisch, dass der Cultus den er
wiedererwecken wollte, innerlich erstorben war, und
dass die Macht die er bekämpfte, stärker war als er.
Als er das seit längerer Zeit verstummte Orakel des
Apollon zu Delphi wiederherzustellen versuchte, erhielt sein Leibarzt Oribasius dem er das Werk aufgetragen hatte, die merkwürdige Antwort: Sage dem
Könige, der kunstvolle Wohnsitz sei in den Staub
gesunken, Phoebus habe keine Hütte mehr, keinen
weissagenden Lorber, keine redende Quelle, denn erloschen auch sei die Kraft des redenden Wassers[207];
wonach auch er sich dann in die alte Wahrheit ergeben musste: dass wie alle irdischen Dinge nur eine
bestimmte endliche Lebenskraft haben, nach deren
Erschöpfung sie erlöschen, so auch die naturwüch-
sigen Orakel dem Umlaufe der Zeiten weichen müs-
sen, $\kappa \alpha \grave{\iota}$ $\tau \grave{\alpha}$ $\alpha \dot{\nu} \tau o \varphi \nu \tilde{\eta}$ $\chi \rho \eta \sigma \tau \acute{\eta} \rho \iota \alpha$ $\tau \alpha \tilde{\iota} \varsigma$ $\tau \tilde{\omega} \nu$ $\chi \rho \acute{o} \nu \omega \nu$ $\varepsilon \ddot{\iota}$-
$\kappa o \nu \tau \alpha$ $\pi \varepsilon \rho \iota \acute{o} \delta o \iota \varsigma$[208].   Ferner: als das alte jährliche Fest

---

[206] Julianus Epist. 26.   Sozomenus V, 15.   Theodoretus III, 9.   Rufinus I, 34.

[207] Cedrenus I p. 532 (vergl. auch p. 320): $\varepsilon \ddot{\iota} \pi \alpha \tau \varepsilon$ $\tau \tilde{\omega}$ $\beta \alpha \sigma \iota \lambda \tilde{\eta} \tilde{\iota}$, $\chi \alpha \mu \alpha \grave{\iota}$
$\pi \acute{\varepsilon} \sigma \varepsilon$ $\delta \alpha \acute{\iota} \delta \alpha \lambda o \varsigma$ $\alpha \dot{\nu} \lambda \acute{\alpha}$, $o \dot{\nu} \varkappa \acute{\varepsilon} \tau \iota$ $\Phi o \tilde{\iota} \beta o \varsigma$ $\ddot{\varepsilon} \chi \varepsilon \iota$ $\varkappa \alpha \lambda \acute{\nu} \beta \alpha \nu$, $o \dot{\nu}$ $\mu \alpha \nu \tau \acute{\iota} \delta \alpha$
$\delta \acute{\alpha} \varphi \nu \eta \nu$, $o \dot{\nu}$ $\pi \alpha \gamma \grave{\alpha} \nu$ $\lambda \alpha \lambda \acute{\varepsilon} o \nu \sigma \alpha \nu$, $\dot{\alpha} \pi \acute{\varepsilon} \sigma \beta \varepsilon \tau o$ $\gamma \grave{\alpha} \rho$ $\lambda \acute{\alpha} \lambda o \nu$ $\ddot{\nu} \delta \omega \rho$. (Für
die Lesart $\lambda \acute{\alpha} \lambda o \nu$ $\ddot{\nu} \delta \omega \rho$ vergl. Anacreontea 11, 7 und Schol. Euri-
pid. Phoen. 222.)

[208] Julianus bei Cyrillus c. Jul. VI p. 198, C.

des Apollon zu Daphne nach langer Unterbrechung
zum erstenmal unter seiner Regierung wiedergefeiert
wurde, und er selbst dahin eilte um als Pontifex Maximus an dem Gottesdienste Theil zu nehmen, ganz
erfüllt von seinen Phantasien über die Pracht des
wiedererweckten Cultus, die Festopfer, Aufzüge, Chor-
tänze, Hymnen und die den Tempel umringenden
weissgekleideten Jünglinge die es da geben werde:
siehe da, Als ich in den Tempel kam, so berichtet
er selbst, traf ich dort weder Weihrauch, noch einen
Opferkuchen, noch ein Opferthier; nur ein alter
Priester hatte dem Gotte eine Gans dargebracht, die
reiche Stadt und ihre reichen Bürger nichts: niemand brachte Öl für die Lampe im Tempel, niemand
Wein zum Trankopfer, niemand ein Opferthier, kein
Körnlein Weihrauch, weder die Stadt noch ein Ein-
zelner; dagegen, sezt er mit Bitterkeit hinzu, gestattet ein jeder von euch seiner Frau, alles aus dem
Hause den Galiläern zu bringen, um deren Armen
zu speisen, während ihr für den väterlichen Cultus
der Götter nicht das geringste hergeben wollet[209].
Ferner: als er an der Stelle eines alten Christusbildes,
welches das blutflüssige Weib in der Stadt Paneas
errichtet hatte, sein eigenes Standbild aufstellen liess,
soll dieses der Blitz zerschmettert haben[210]; und als

---

[209] Julianus im Misopogon p. 361 ff. und über die Macht der christlichen Frauen über ihre Männer oben Anm. 187, unten Anm. 329,
und Libanius Epist. 1057, 2.

[210] Sozomenus V, 21. Philostorgius VII, 3. Theophanes Chronogr.
I p. 75 f. Nach Asterius bei Photius Cod. 271 p. 505, B, 6 ff.
soll schon Maximinus diese Statue haben wegbringen lassen, was

er um die Weissagung über den Tempel zu Jerusalem zu Schanden zu machen, diesen wieder aufzubauen befahl und zu dem Baue, der sein Andenken
auf die Nachwelt bringen sollte, ungeheure Summen
bestimmte, konnte das Werk wie Ammianus sich ausdrückt nicht ausgeführt werden, wegen der Feuerku-
geln die aus dem Grunde aufgestiegen und die Ar-
beiter verbrannt hätten; so dass man im hartnäckigen Kampfe gegen das Element zulezt gezwungen gewesen sei das Unternehmen aufzugeben[211]. Endlich:
als Julianus seinen lezten Feldzug angetreten hatte,
nach dessen glücklicher Beendigung eine vollständige
Restauration des Hellenismus erfolgen sollte, frug eines
Tages, im voraus triumphirend, der Sophist Libanius
einen christlichen Lehrer in Antiochien, Nun, was
macht jezt der Zimmermannssohn? worauf dieser erwiderte: der macht jezt einen Sarg für das worauf
du deine Hoffnungen setzest[212].

-----

jedoch der bestimmten Angabe des Eusebius Hist. eccles. VII, 18
der sie dort noch gesehen hat, widerspricht.

[211] Ammianus XXIII, 1, 3: metuendi globi flammarum prope funda-
menta crebris adsultibus erumpentes, fecere locum exustis aliquoties
operantibus inaccessum: hocque modo elemento destinatius repel-
lente, cessavit inceptum. Mehr bei Gregorius Naz. Or. V, 4. Johannes Chrysostomus II p. 574, B. C. Sozomenus V, 22. Philostorgius VII, 9. 14. Rufinus I, 37 ff. Vergl. mit Julianus Op.
p. 295, C. und Döllinger's Handbuch der K. G. I, 2 p. 32 ff.

[212] Theodoretus III, 23 und Nicephorus Callistus X, 35. Nach dem
unbekannten Verfasser der aus dem Arabischen übersezten Vita
Athanasii in der Mauriner Ausgabe T. I p. CLVIII, B. hätte Basilius dem Julianus selbst diese Antwort gegeben: Julianus ad Ba-
silium, Ubi, inquit, reliquisti fabri filium, dum huc ad me venisti?
Reliqui illum, inquit Basilius, occupatum in compingendo tibi fe-

Also standen um den Kaiser Feind und Freund
einander gegenüber. Während seine Gegner ihm vor-
warfen: dass er die Weltverhältnisse umkehren wolle,
dass dieser Versuch die christliche Religion zu er-
schüttern nichts anderes sei als eine Erschütterung
des ganzen Römischen Reiches, und dass er der Kaiser
Römischer Kaiser zu sein unwürdig geworden sei[213];
betheuerten seine Freunde mit gleicher subjectiver
Energie: nicht umstürzen wolle er, sondern wiederherstellen, und die alternde Welt, der die Seele aus-
zugehen drohe, mit neuer Lebenskraft erfüllen[214]. Bei
welchem Widerstreite der Parteien, zwischen denen
eine Versöhnung unmöglich war, die Entscheidung
nothwendig einer höhern Macht vorbehalten bleiben
musste, dem Gottesurtheil der Geschichte, welches
diesmal nicht lange auf sich warten liess. Denn als
Julianus, in seltsamer Ironie gegen seine eigene Superstition und den krankhaften Hang die Zukunft zu

retro, ut te in illud collocaret: ad quæ imperator, Nisi, inquit,
amicus meus esses et esset in me voluntatis erga te propensio,
hoc momento caput tibi praecidi juberem.

[213] Julianus Epist. 77: ὡς ἀνάξιόν με τῆς τῶν Ῥωμαίων βασιλείας
γεγονέναι, und im Misopogon p. 360, D: ὅτι παρ᾽ ἐμοῦ τὰ τοῦ
κόσμου πράγματα ἀνατέτραπται, und ebenso Gregorius Naz. Or.
IV, 45: τοῖς καθεστηκόσιν ἐπιτολμᾷν und IV, 74 p. 113, B: τὸ
πειρᾶσθαι τὰ Χριστιανῶν μετατιθέναι καὶ παρακινεῖν οὐδέν
ἕτερον ἦν ἢ τὴν Ῥωμαίων παρασαλεύειν ἀρχήν.

[214] Libanius I p. 529, 4: στῆναι μὲν τὴν φθορὰν τῆς οἰκουμένης,
und p. 617, 10: οὐ τὴν οἰκουμένην ὥσπερ λειποψυχοῦσαν ἔρρω-
σεν: Dann aber III p. 440, 15: ἀλλὰ ταύτην δὴ τὴν ἐπανόρθωσιν
βραχεῖαν ἐποίησεν ἄδικος ἐν Περσίδι σίδηρος.

erforschen[215], troz aller üblen Vorbedeutungen[216], seiner eigenen trüben Ahnungen[217], und der inständi-
gen Bitten und Warnungen seiner Freunde[218], als
echter Fatalist, überzeugt dass kein Sterblicher je seinem Schicksal entgehe[219], den Persischen Feldzug
unternommen hatte um, wie er zu schwören pflegte,
das gesunkene Weltreich der Römer wiederaufzurichten[220]; in diesem Kriege aber, nachdem er in ein-
samer Nacht den Schutzgeist des Reiches traurig und
mit verhülltem Haupte sein Feldherrnzelt verlassen
gesehen hatte[221], in der Schlacht bei Ktesiphon durch

---

[215] Ammianus XXV, 4, 17: praesagiorum sciscitationi nimiæ deditus;
so dass man ihn statt eines Götterverehrers einen Opferschlächter
genannt habe: Ammianus XXII, 13, 3: victimarius pro sacricola
dicebatur. Nach Gregorius Naz. Cr. IV, 92. Johannes Chrysostomus, II p. 560, B. und Theodoretus III, 26 wären auch zahlreiche
Menschenopfer gefallen, um aus deren Eingeweiden den Ausgang
des Krieges zu erforschen.

[216] Ammianus XXIII, 1, 5 fl. 2, 6 f.: ominibus saevis.

[217] Ammianus XXIII, 3, 1. 3: maestus atque agitatus insomniis.

[218] Ammianus XXIII, 5, 4: orantes obtestantesque.

[219] Ammianus XXIII. 5,5: quoniam nulla vis humana vel virtus me-
ruisse unquam potuit ut, quod praescripsit fatalis ordo, non fiat:
und Julians eigene ahnungsvollen Worte in dem Briefe an Arsaces
Epist. 67: Wenn das Schicksal, dessen Wille der Götter Wille
sei, etwas über ihn beschliesse, so werde er furchtlos und edel es
ertragen: εἰ δέ τι τὰ τῆς εἱμαρμένης κρίνειε · θεῶν γὰρ βούλησις
ἡ ταύτης ἐξουσία ἀδεῶς καὶ γενναίως οἴσω τοῦτο. Vergl. Epist.
53 extr.

[220] Ammianus XXIV, 3, 9: ita quassatum recrearet orbem Romanum.
Vergl. m. Abh. über die Geologie der Alten p. 42.

[221] Ammianus XXV, 2, 3: vidit squalidus, ut confessus est proximis,
speciem illam Genii publici . . velata cum capite cornucopia per
aulaea tristius discedentem.

die Lanze eines unbekannten Reiters im zweiund-
dreisigsten Lebensjahr gefallen war[222]: da waren mit
ihm die Sterne der alten Welt für immer untergegangen. Und wenn es dem Historiker erlaubt ist, die
grossen Persönlichkeiten der Geschichte, abgesehen
von dem was sie selbst gethan haben, auch nach dem
zu beurtheilen was durch sie bewirkt worden ist, den
subjectiv freien Menschen auch objectiv als Werkzeug
eines höheren Willens zu betrachten: so darf von dem
Kaiser Julianus behauptet werden, dass er dem Christenthum was er bekämpft in keiner Weise geschadet,
und auch dem Griechenthum was er begünstigt in so-
fern genützt habe, als er ihm ein seinen Anfängen ent-
sprechendes heroisches Ende bereiten half, und also
auch selber, indem er beiden zum Opfer gefallen ist, ein
mildes Urtheil der gerechten Nachwelt ansprechen darf.

Die Nachricht seines plözlichen Todes versezte
natürlich beide Parteien in grosse Aufregung, so dass
es nicht zu verwundern ist, wenn in der ersten Bestürzung seiner Anhänger und dem Jubel seiner Gegner, ein heftiger Rückschlag erfolgte, und vielfach
die Opferaltäre umgestürzt, die halbvollendeten Tem-

---

[222] Ammianus XXV, 3, 6: subita equestris hasta. Eutropius X, 16:
hostili manu. Orosius VII, 30: ab obvio quodam hostium equite
conto ictus interiit. Sozomenus VI, 1 p. 636, A: παραδραμών
τις ἱππεὺς φέρει ἐπὶ τὸν βασιλέα τὸ δόρυ: wonach die hämische
Insinuation des Libanius I p. 614, 16 ff.: diejenigen denen dieser
Tod erwünscht gewesen und Nutzen gebracht, die Christen, hätten
ihn auch herbeigeführt: lediglich auf sich beruhen mag. Er starb
um Mitternacht vom 26. bis 27. Juni 363: epota gelida aqua,
quam petiit, medio noctis horrore vita facilius est absolutus, anno
aetatis altero et tricesimo: Ammianus XXV, 3, 23.

pel zerstört und ihre Priester verfolgt, mishandelt, und
gezwungen wurden wieder herauszugeben was der Kaiser ihnen geschenkt hatte[223]. Bald aber beruhigten
sich diese Stürme und es muss den christlichen Bischöfen, die sonst seine erbitterten Gegner waren, zur
Ehre nachgerühmt werden: dass sie die innere Bedeutung der kurzen Herschaft Julians (sie dauerte kaum
zwanzig Monate) schnell und richtig erkannt, und die
grossen Lehren dieses seltsamen Dramas in hellen und
scharfen Zügen hervorgehoben haben. Die Reflexio-
nen welche Gregorius von Nazianz und Johannes Chrysostomus darüber anstellen, sind wörtlich folgende:
Dass wenn auch alles andere auf der Welt besiegt
werden könne, der Glaube allein unbezwingbar[224], und
kein äusserer Feind der Kirche je gefährlich sei[225];
dass es mit der Sache der Christen nicht so sei wie mit
jener der Heiden, dass sie nicht von der Gnade eines
Königes abhange, sondern auf ihrer eigenen Kraft
ruhe, und gerade dann am meisten gedeihe wenn sie
am meisten verfolgt werde[226]; dass alles umsonst sei

---

[223] Libanius I p. 619, 8 ff. Epist. 1489. Eunapius v. Oribasii p. 104.
Socrates III, 24.

[224] Gregorius Naz. Or. V, 40 p. 174. D: ὅτι μόνον τῶν ἁπάντων
πίστις ἀνάλωτον.

[225] Gregorius Naz. Or. II, 87 f. p. 53. In der That zeigt die ganze
Geschichte des Christenthums, dass es in weit grösserer Gefahr
ist, durch das Bündnis mit der weltlichen Macht verderbt, als
durch deren Gegenkampf gefährdet zu werden: Macaulays kleine
Schriften IV p. 248.

[226] Johannes Chrysostomus I p. 71, A: οὐ γὰρ δὴ οἷα τὰ τῶν Ἑλ-
λήνων τοιαῦτα καὶ τὰ παρ' ἡμῖν, οὐδὲ ταῖς τῶν κρατούντων
ἕπεται γνώμαις, ἀλλ' ἕστηκεν ἐπὶ τῆς οἰκείας ἰσχύος, καὶ τότε
μάλιστα ὅταν μάλιστα πολεμῆται. Ebenso II p. 548, C.

wenn man eine Sache stützen wolle die in sich selbst
morsch und falsch, und gleicherweise alles umsonst sei,
wenn man eine in sich selbst wahre und starke Sache
umzustürzen versuche; denn die Kraft der Wahrheit
bedürfe keiner Hilfe: die sie unterdrücken wollen, wir-
ken nur dazu, dass sie grösser und glänzender sich
erhebe [227]; dass Julianus und was er gethan, für die
Christen ein göttliches Strafgericht gewesen, welches
ihnen zur Reinigung und Besserung dienen und sie
lehren solle, in der Meeresstille des Sturmes nicht zu
vergessen, im Glücke nicht übermüthig, im Unglücke
nicht kleinmüthig zu werden, und nicht in die Fehler
zurückzufallen wegen deren die Strafe über sie gekommen [228]; dass wir nun die Zeiten wieder günstig geworden, gemässigt bleiben, gegen die uns Unrecht gethan nicht bitter sein, was wir an andern getadelt
nicht selbst thun [229], nicht auf Ächtung und Güter-
einziehung, auf Processe und Verfolgungen denken [230],
sondern nur durch Sanftmuth die besiegen sollten,
die uns unterdrückt haben [231]. Endlich den Kaisern
gegenüber wird noch die Bemerkung hingeworfen:
dass gerade das Römische Kaiserthum zugleich mit
dem Christenthum in die Weltgeschichte eingetreten

---

[227] Johannes Chrysostomus II p. 539, B.

[228] Gregorius Naz. Or. V, 34 p. 170, A. B.

[229] Gregorius Naz. Or. V, 36 p. 172, A: μὴ ἀπλήστως χρησώμεθα
τῷ καιρῷ, μὴ κατατρυφήσωμεν τῆς ἐξουσίας, μὴ πικροὶ γενώ-
μεθα τοῖς ἠδικηκόσι, μὴ ὧν κατέγνωμεν ταῦτα πράξωμεν.

[230] Gregorius Naz. Or. V, 37 p. 172, E.

[231] Gregorius Naz. Or. V, 37 p. 172, D: νικήσωμεν ἐπιεικείᾳ τοὺς
τυραννήσαντας.

und mit diesem gewachsen sei, und dass Julianus, der vom Christenthume abgefallen, das Reich nicht grösser, sondern kleiner hinterlassen habe als er es von Constantius überkommen[232].

Und in der That haben auch die ersten Kaiser nach Julianus im ganzen geschäzt diesen Grundsätzen gemäss regiert. Gleich sein unmittelbarer Nachfolger Jovianus, der auch früher schon den Verlockungen Julians zum Hellenismus widerstanden hatte[232], begünstigte wieder den christlichen Glauben[233], ja erklärte denselben sogar für die herschende Staatsreligion[234], gab den Kirchen und ihren Priestern alle früheren Vorrechte zurück, und hob bei seiner Rückkehr nach Antiochien sofort alle Julianischen Vexationen auf[235]; ohne übrigens, obgleich von christlichen Bischöfen umlagert[236], die Heiden an der Ausübung ihrer Religion gewaltsam zu hindern[237]. Gott habe, so lässt

---

[232] Gregorius Naz. Or. IV, 37. Vergl. Theodoretus Graec. aff. cur. 10, 53. 54 p. 392 f. und oben Anm. 100.

[232] Socrates III, 13 p. 184, C und 22 p. 195, C. Theodoretus IV, 1. Orosius VII, 32.

[233] Ammianus XXV, 10, 15: Christianæ legis idem studiosus et nonnunquam honorificus.

[234] Socrates III, 24 p. 203, A und Sozomenus VI, 3 p. 640, A: μόνην εἶναι σέβας τοῖς ἀρχομένοις τὴν τῶν Χριστιανῶν πίστιν.

[235] Theodoretus IV, 4. Philostorgius VIII, 5 p. 512, C.

[236] Socrates III, 24.

[237] Socrates III, 25 p. 205, A: ὡς τὸ ἐφεῖναι θρησκεύειν ὡς ἕκαστοι βούλονται. Nur den Unfug der magischen Opfer untersagte er, was Themistius selbst Or. V p. 83, 23 billigt: ἱερὰ ἀνοίγων ἀποκλείει μαγγανευτήρια, καὶ θυσίας ἐννόμους ἀφιεὶς οὐ δίδωσιν ἄδειαν τοῖς γοητεύουσιν.

er sich von Themistius anreden, das Bedürfnis und
die Anlage der Religion als etwas Gemeinsames allen
Menschen eingepflanzt; die Art der Verehrung aber
an den Willen eines jeden geknüpft: so dass wer darin Zwang ausübe, sich an der von Gott selbst gegebenen Freiheit versündige. Man müsse es darum
der Seele eines jeden überlassen, welchen Weg der
Frömmigkeit sie einschlagen wolle [238].

Auch die beiden folgenden Kaiser, Valentinianus
und Valens, die sich in das Reich und seine christlichen Hauptconfessionen gleichmässig getheilt hatten,
der erstere von Mailand aus das Abendland, der andere
von Constantinopel her die Morgenländer beherschend,
jener dem orthodoxen, dieser dem arianischen Bekenntnis standhaft zugethan [239], verfolgten im ganzen was
den Hellenismus angeht dieselbe Richtung. Zwar hatten beide gleich im Beginne ihrer Regierung, am
11. Sept. 364 ein Edict erlassen, worin sie bei Todesstrafe verboten, dass fortan niemand mehr zur Nachtzeit magische Gebete und Opfer feiern solle [240]; als
aber dieses Verbot, seinem Wortlaute nach, auch auf

---

[238] Themistius Or. V. p. 80. 81.

[239] Ammianus XXVI, 5, 4. Socrates IV, 1, und was insbesondere den
Valentinianus betrifft: Ambrosius De obitu Valentiniani §. 55. Sozomenus VI, 6. Theodoretus III, 16.

[240] Codex Theodosianus IX, 16, 7: ne quis deinceps nocturnis tempo-
ribus aut nefarias preces aut magicos apparatus aut sacrificia fu-
nesta celebrare conetur. Detectum atque convictum competenti
animadversione mactari, perenni auctoritate censemus: und dazu
die interpretatio: quicunque nocturna sacrificia daemonum celebra-
verit, vel incantationibus daemones invocaverit, capite puniatur.

6*

die Eleusinischen Mysterien sollte angewendet werden,
und hier der Statthalter von Achaia, der noch von
Julianus ernannte treffliche Praetextatus[241], den Kaisern vorstellte: die Ausführung dieses Gesezes, wenn
man ihnen ihre Mysterien verbiete, würde den Grie-
chen das Leben völlig unerträglich machen: erlaubten sie dass das Gesez ruhen und alles nach den alten
Satzungen gehalten werden solle[242]. Von Valentinianus wird darum ausdrücklich gerühmt dass er, obgleich
sonst von grausamer, habsüchtiger, neidischer Gemüths-
art[243], im übrigen tapfer, nüchtern und keusch[244],
sich dadurch ausgezeichnet habe: dass er zwischen den
verschiedenen Religionsparteien eine mittlere Stellung
eingenommen, niemanden beunruhigt, und nicht durch
drohende Edicte den Nacken seiner Unterthanen unter

---

[241] Ammianus XXII, 7, 6. Später, im J. 367 — 368, war er Praefect
von Rom, wo er mit derselben Billigkeit auch die blutigen Streitigkeiten der Christen bei der Wahl des Bischofes Damasus schlich-
tete: Ammianus XXVII, 9, 9 vergl. mit XXVII, 3, 12. Mehr über
ihn bei Beugnot I p. 442 ff.

[242] Zosimus IV, 3: τοῦτον τὸν νόμον ἀβίωτον τοῖς Ἕλλησι καταστή-
σειν τὸν βίον, εἰ μέλλοιεν κωλύεσθαι τὰ συνέχοντα τὸ ἀνθρώ-
πειον γένος ἁγιώτατα μυστήρια κατὰ θεσμὸν ἐκτελεῖν. Sie wurden dann in der That noch während der ganzen zweiten Hälfte
des vierten Jahrhunderts gefeiert, wie Asterius Homil. p. 193, C
und Epiphanius adv. Haereses III p. 1092, A bezeugen, bis sie
zugleich mit der Zerstörung des Tempels und der allgemeinen Ver-
heerung Griechenlands durch die Westgothen unter Alarich im
J. 395 erloschen: Eunapius in vita Maximi p. 52. 53. Fallmerayer Gesch. Morea's I p. 119 ff.

[243] Ammianus XXX, 8, 2. 3. 8. 10. Vergl. XXVI, 4, 4. 10, 12.
XXVII, 7, 4. XXVIII, 1, 11.

[244] Ammianus XXX, 9, 2.

das Joch seines eigenen Glaubens gebeugt, sondern diesen Theil der Staatsverwaltung völlig so gelassen habe, wie er ihn vorfand[245]: was ihn übrigens nicht hinderte, alle von Julianus revindicirten Tempelgüter (praedia) von neuem zu Gunsten seines Privatvermögens einziehen zu lassen[246]. Und ebenso gewiss ist es von Valens dass er, wie überhaupt von ähnlichem Charakter wie sein Bruder[247], intolerant und gehässig nur gegen die Katholiken zu Gunsten der Arianer war[248], die Hellenen dagegen ungestört ihre Opfer, wenigstens die Weihrauchopfer, und ihre Festversammlungen begehen liess[249]. Ja christliche Kirchenhisto-

---

[245] Ammianus XXX, 9, 5: inclaruit quod inter religionum diversitates medius stetit, nec quenquam inquietavit, neque ut hoc coleretur imperavit aut illud: nec interdictis minacibus subjectorum cervicem ad id quod ipse coluit inclinabat, sed intemeratas reliquit has partes ut reperit: ganz übereinstimmend mit dem was Valentinianus selbst in einem erhaltenen Edicte vom J. 371 im Codex Theodosianus IX, 16, 9 ausspricht: Testes sunt leges in exordio imperii mei datæ, quibus unicuique quod animo imbibisset colendi libera facultas tributa est: und was auch andere Edicte, durch die er die heidnischen Tempel und Priester bei ihren alten Privilegien schützte: Cod. Theod. XII, 1, 60. 75. XVI, 1, 1. und die im J. 375 von Epiphanius adv. Hæreses III, 2, 10 ff. p. 1092 ff. bezeugte thatsächliche Ausübung aller alten Culte bestätigen. Vergl. auch Symmachi Laudes in Valentinianum II, 25. und die weitern Nachweisungen bei Beugnot I p. 284 ff.

[246] Cod. Theod. X, 1, 8. In diese Zeit gehört vielleicht auch die Notiz bei Aggenus Urbicus in Goesii Auctores rei agrariæ T. I p. 61: in Italia multi crescente religione sacratissima Christiana lucos profanos sive templorum loca occupaverunt et serunt.

[247] Ammianus XXVI, 6, 6. XXIX, 1, 27. 2, 10. XXXI, 14.

[248] Socrates IV, 16. 32.

[249] Theodoretus IV, 24. Theophanes Chronogr. p. 92, 1. Historia

riker[250] heben es ausdrücklich hervor, dass der heidnische Sophist Themistius es gewesen sei, welcher den
arianischen Kaiser bewogen habe von der Verfolgung
seiner katholischen Unterthanen abzulassen, indem er
ihm vorstellte: der Herscher könne zwar seine Unterthanen zu vielem zwingen, einiges aber sei was sich
nicht befehlen und beherschen lasse, und dahin ge-
höre vor allem die Religion: auf diesem Gebiete, wie
auf dem der Philosophie und der Kunst, müsse man
die natürliche Individualität der Einzelnen wie der
Völker walten lassen[251]. Übrigens bezeugen glaub-
würdige Stimmen aus diesen Jahren, dass auch die

---

miscella XII p. 81, A. und Cedrenus p. 544, 20: τοῖς Ἕλλησιν
ἄδειαν ἔδωκεν θυσίας καὶ πανηγύρεις ἐπιτελεῖν: welche Opfer
jedoch wie Libanius II p. 163, 9 bemerkt, zuletzt auf die thuri-
ficatio, τὸ λιβανωτόν, beschränkt wurden. Themistius Or. de re-
ligionibus XII p. 186: sanxisti ut in colenda religione suo quisque judicio uteretur etqs. p. 189: sapienter igitur a te decretum
est, ut quam quisque religionem probabilem duceret, ad eam se
adjungeret, in eaque animi sui tranquillitati serviret etqs. Die von
Valens befohlene Hinrichtung des Philosophen Maximus von Ephesus, des ehemaligen Lehrers des Julianus, ὡς μαγγανείας ποιοῦντα
(Socrates III. 1 p. 165, D), hatte nach den Angaben des Ammianus XXIX, 1, 42. und des Zosimus IV, 15 vergl. Libanius I p. 113.
Eunapius v. Maximi p. 57 ff. Sozomenus VI, 35. nicht sowol religiöse als politische Gründe, weil er nemlich ohne sie zu denun-
ciren, Kenntnis davon hatte, dass andere den Namen des künfti-
gen Kaisers durch magische Künste zu erforschen gesucht hatten.

[250] Socrates IV, 32. Sozomenus VI, 36.

[251] Themistius Orat. XII p. 186: non esse in principum potestate,
subditos sibi populos ad omnia quæ velint cogere: sed esse quaedam ad quæ inviti nulla ratione compelli possint. quo in genere
cum omnis virtus est. tum vero de cultu deorum sensus atque ju-
dicium etqs.

Gebildeten sich zusehens von der geistreichen hellenischen Dialektik abgewendet und dem einfachen
christlichen Glauben zugewendet haben; nicht mehr
den Philosophen, sondern den Fischern werde geglaubt,
statt der Lust Entsagung geübt[252]; so dass der Hellenismus binnen kurzem von selbst erlöschen und völlig
in sich zusammenbrechen werde[253]. Wie ja auch in
dieser Zeit das denkwürdige Wort paganus, der Hei-
denbewohner und der Heidengläubige, Bauernglaube
und Heidenthum, zuerst auftritt, indem die Bauern
zu allen Zeiten an dem Alten überhaupt und an der
väterlichen Religion insbesondere am zähesten festhalten[254].

---

[252] Ambrosius de Fide I, 13, 84 geschrieben 377: non quaero quid
loquantur philosophi, requiro quid faciant. soli in suis gymnasiis
remanserunt. vide quam fides argumentis praeponderet: illi quotidie a suis consortibus deseruntur qui copiose disputant; isti quotidie crescunt qui simpliciter credunt. non creditur philosophis,
creditur piscatoribus; non creditur dialecticis, creditur publicanis.
illi voluptatibus et deliciis orbem ligarunt, isti jejuniis et dolori-
bus exuerunt.

[253] Johannes Chrysostomus II p. 540, B geschrieben 382: τῆς Ἑλλη-
ρικῆς δεισιδαιμονίας ἡ πλάνη ἀφ' ἑαυτῆς ἐσβέσθη καὶ περὶ ἑαυ-
τὴν διέπεσε, καθάπερ τῶν σωμάτων τὰ τηκηδόνι παραδοθέντα
μακρᾷ, καὶ μηδενὸς αὐτὰ βλάπτοντος αὐτόματα φθείρεται καὶ
διαλυθέντα κατὰ μικρὸν ἀφαρίζεται; ebenso p. 691, A. und Isidorus Pelusiota Epist. I, 270: ὁ Ἑλληρισμὸς ἠφανίσθη. Auch
was derselbe Schriftsteller Epist. IV, 76 p. 454, B so nachdrücklich hervorhebt: die zahlreichen Conversionen von Pythagoreern,
Platonikern, Aristotelikern und Stoikern, die dem Stolze der Philosophie Lebewol gesagt und der einfachen Lehre Christi sich zugewendet hätten: scheint sich, theilweise wenigstens, auf diese
Zeit zu beziehen.

[254] Der Name pagani für Heiden findet sich zuerst in einem Geseze

Auch der jugendliche Kaiser Gratianus, obgleich persönlich dem Christenthum mit Wärme ergeben, und innig befreundet mit dem Bischofe Ambrosius[255], blieb im ganzen geschäzt diesen Regierungsgrundsätzen getreu[256], und liess sich zu nichts weiterem bewegen, als dass er seit dem Jahre 382 der Würde des Pontifex Maximus entsagte[257], die hostiae consultatoriae d. h. die zum Zwecke der Eingeweideschau

Valentinians vom J. 368 im Cod. Theod. XVI, 2, 18. womit zu vergl. Orosius praef. p. 3: qui alieni a civitate dei ex locorum agrestium compitis et pagis pagani vocantur sive gentiles. Prudentius Contra Symmachum I, 620: pago implicitos. Isidorus Orig. VIII, 10 und Endelechius De mortibus boum 106: dass der Gott der Christen nur in den grossen Städten, (nicht auf dem Lande unter den Bauern) verehrt werde, magnis qui colitur solus in urbibus.

[255] Vergl. Ambrosius De obitu Valentiniani §. 74. 78 ff.

[256] Vergl. Sozomenus VII, 1 p. 705, A: νόμον ἔθετο μετὰ ἀδείας ἐκάστους θρησκεύειν ὡς βούλονται, und das Edict vom 29. Nov. 382 im Cod. Theodosianus XVI, 10, 8 worin er ausdrücklich bestimmte, dass der Tempel zu Edessa immer offenstehen und die darin befindlichen kunstvollen Götterbilder (simulacra artis pretio quam divinitate metienda) unversehrt sollten erhalten werden. Und dieselbe ungestörte Ausübung der alten Culte bezeugen die im Jahre 382 geschriebene Homilie des Johannes Chrysostomus I p. 540, A. B. (die Zeitbestimmung ib. p. 573, B) und die zahlreichen Inschriften bei Baronius Annal. eccles. T. V p. 433 der Ausg. von Luca 1739, und bei Orelli Inscr. Lat. Nr. 1900 f. 2353 ff.

[257] Orelli Inscr. Nr. 1118. Zosimus IV, 36. Eckhel Doctr. num. vet. VIII p. 380 ff. Die Heiden erkannten, wie man aus Zosimus ersieht, die Bedeutung dieses Actes sehr wol, dass nemlich Gratianus damit die uralte Verbindung der obersten weltlichen mit der obersten geistlichen Gewalt für immer zerriss und sich eben dadurch von jeder inneren Verpflichtung gegen den alten Cultus formell lossagte.

dargebrachten Thieropfer strenge verbieten[258], den Altar
der Victoria, der custos imperii virgo[259], bei welcher die Senatoren zu schwören und die üblichen Liba-
tionen darzubringen pflegten, aus der Curie zu Rom entfernen, endlich auch die Vorrechte der Vestalischen
Jungfrauen aufheben und die Gehalte derselben aus
der Staatscasse, ja selbst die ihnen durch Vermächt-
nis zugefallenen Grundstücke, einziehen liess[260]. So
dass also wie gesagt die kurze Episode der Regierung
Julians jedenfalls die gute Nachwirkung hatte, erstlich die innere Ohnmacht und Zerfallenheit des alten
Götterglaubens offenbar zu machen, und zweitens die
nächsten Nachfolger Julians dahin zu bestimmen, dass
sie volle zwanzig Jahre hindurch von der gewaltsamen
Zerstörung des Hellenismus abstanden. Und dass dieser Waffenstillstand zwischen beiden Confessionen, der
christlichen und der heidnischen, auch im Privatleben
geherscht habe, bezeugen die zahlreichen freundschaft-
lichen Briefe zwischen christlichen Bischöfen und heidnischen Rhetoren dieser Zeit[261].

---

[258] Cod. Theod. XVI, 10, 7. Gemeint sind die blutigen Opfer und
magischen Incantationen durch welche man den Namen des künf-
tigen Kaisers zu erforschen suchte: Ammianus XXIX, 1.

[259] Claudianus De cons. Stilichonis III, 206. vergl. De sexto cons. Ho-
norii 597 ff.

[260] Symmachus Epist. X, 61 und Ambrosius Epist. 17, 5. 18, 13. 16.

[261] Ich meine den Briefwechsel des Basilius und Libanius: Basilii
Epist. 335 ff. und Libanii Epist. 1580 ff. (Die Gründe meines
Collegen Dr. Krabinger für die Unechtheit dieses Briefwechsels.
in dem Bulletin der Münchener Akademie der Wiss. 1850 Nr. 34 ff.
haben mich nicht überzeugt); ferner des Basilius Epist. 1 an den

Von selbständigen Regierungshandlungen Valentinians des zweiten kann nicht wol Rede sein, da er bei der Ermordung seines Bruders Gratianus kaum zwölf Jahre alt war, und im einundzwanzigsten Lebensjahre, am 15. Mai 392, selbst ermordet wurde; so dass die Edicte welche seinen und des Theodosius Namen tragen, in Wahrheit wol von lezterem erlassen sind[262]. Die erste religiöse Controverse in der beide Parteien, die heidnische und die christliche, mit Aufbietung ihrer besten Kräfte, sich wiederholt im J. 384 mit einander maassen, und die der junge Fürst zu Gunsten der leztern entschied, war die ebenerwähnte Frage über den Altar der Victoria und die Immunitäten der Vestalinnen.

In Rom nemlich war damals der Senat, wie es scheint, ziemlich gleichmässig getheilt zwischen die Bekenner der alten und der neuen Religion[263]; die

---

Philosophen Eustathius, des Libanius Epist. 1227 an den Bischof Optimus; anderes bei Chastel Hist. de la destruction ect. p. 162 ff.

[262] Vergl. Ambrosius Epist. 17, 12 an Valentinianus den zweiten: certe refer ad parentem pictatis tuæ principem Theodosium, quem super omnibus fere majoribus causis consulere consuesti.

[263] Ambrosius Epist. 17, 9. 10 behauptet zwar, dass die christlichen Senatoren die grosse Mehrzahl gewesen seien (cum majore jam curia christianorum numero sit referta . . pauci gentiles communi utuntur nomine); das aber ist nicht wahrscheinlich, indem der Senat dann die Restitution gar nicht hätte verlangen können, wie doch derselbe Ambrosius anderswo ausdrücklich hervorhebt, De obitu Valentiniani §. 19: miserat propter recuperanda templorum jura, sacerdotiorum profana privilegia, cultus sacrorum suorum, Roma legatos et. quod gravius est, senatus nomine nitebantur. Auch bezeugt Augustinus Confess. VIII, 3 ausdrücklich, dass zur

heidnischen Senatoren wählten zu ihrem Repraesentanten den Praefecten der Stadt, Symmachus, die christlichen wendeten sich an ihren Bischof Damasus, der die Sache dem Ambrosius übergab[264]. Symmachus machte in seiner Relation folgendes geltend[265]: Wir verlangen, sagte er, von euerer Gnade, ihr Kaiser, jenen Zustand der Religion zurück, der dem Staate so lange nüzlich gewesen ist. Wer wäre so sehr den Barbaren befreundet, dass er nicht den Altar der Siegesgöttin zurückwünschen sollte? Dem Namen wenigstens gebet die Ehre, die ihr dem Wesen versaget. Gestattet uns doch, ich beschwöre euch, den Glauben den wir als Kinder empfangen haben, auch als Greise auf die Nachwelt zu bringen. Jeder hat ja seine heiligen Gebräuche, mannigfache Schutzgeister hat die Gottheit den Staaten gegeben: wie jedem Einzelnen bei seiner Geburt eine Seele, so sind auch den Völkern die Genien ihrer Schicksale zugetheilt[266].

Zeit des Julianus noch fast der ganze Römische Adel, tota fere Romana nobilitas, der alten Religion ergeben gewesen sei.

[264] Ambrosius Epist. 17, 10.

[265] Symmachus Epist. X, 61. auch aufgenommen in der Mauriner Ausgabe des Ambrosius T. II p. 828 ff.

[266] Symmachus Epist. X, 61, 8: varios custodes urbibus cunctis mens divina distribuit . ut animæ nascentibus, ita populis fatales genii dividuntur: eine uralte Wahrheit (Moses V, 32, 8: constituit deus terminos populorum juxta numerum filiorum Israel, wo bekanntlich die Sept. übersetzen: juxta numerum angelorum dei. Vergl. Tertullianus Apol. 24. Macrobius Sat. III, 9. Celsus bei Origenes c. Cels. V, 25 p. 596, B. und die Neuplatoniker Porphyrius bei Proclus in Tim. p. 108, 11 ff. Jamblichus ib. p. 103, 12 ff. Proclus selbst ib. p. 70, 12 ff. und in Cratylum p. 28, 19. und nach ihnen Synesius Epist. 31: ψυχαὶ τῶν πόλεων ἔφοροι θεῖαί τε καὶ

Denket euch dass Roma selbst hier stehe und spreche:
beste Fürsten, ehret meine Jahre, zu denen ich ohne
Schande in Beobachtung der alten Gebräuche gelangt
bin: dieser Cultus hat den Erdkreis meinen Gesezen
unterworfen, diese Opfer haben den Hannibal von
unsern Mauern, die Gallier vom Capitol abgewehrt.
Bin ich darum erhalten worden, um in meinem hohen Alter getadelt zu werden? Nur Frieden, nichts
anderes verlangen wir für die väterlichen Landesgöt-
ter. Zu denselben Gestirnen blicken wir mit euch
empor, derselbe Himmel, dieselbe Welt umschliesst
uns alle; was liegt daran, mit welchem Grade von
Einsicht jeder die Wahrheit erforscht, auf einem
Wege lässt sich unmöglich das grosse Geheimnis erreichen. Und nun, wie viel Vortheil hat es denn
eurem Aerare eingebracht, den Jungfrauen der Vesta
ihre Vorrechte zu entziehen? Unter den freigebigsten
Fürsten wird ihnen verweigert was die kargsten ihnen
gewährt haben. Möchten doch von eueres Schatzes
Reinheit jene Erübrigungen fern sein[267]; der Fiscus
guter Fürsten wird nicht durch den Schaden der Priester, er wird durch die Siegesbeute der Feinde ver-

----

δαιμόνιοι), zu welcher auf wissenschaftlichem Wege auch die
heutige Naturwissenschaft zurückgekehrt ist in den Untersuchun-
gen über das Lebensalter der Individuen und das Existenzalter der
Gattungen: vergl. H. v. Meyer Zur Fauna der Vorwelt p. 48 und
F. Unger's Geschichte der Pflanzenwelt p. 34 ff.

[267] Symmachus Epist. X, 61, 12: absint ab aerarii vestri puritate ista
compendia: womit zu vergl. Codex Theodosianus XVI, 10, 20. §. 2:
ita ut omnis expensa ad superstitionem pertinens, quæ jure damnata
est, omniaque loca quæ professiones gentiliciæ tenuerunt, fas sit,
hoc errore summoto, compendia nostræ domus sublevare.

mehrt: kein Gewinn wiegt je anhaftenden Hass auf[268].
Und auch die Grundstücke die den Jungfrauen und
Opferpriestern durch Vermächtnisse zugefallen sind,
hat der Fiscus an sich gezogen. Ich bitte euch Priester der Gerechtigkeit, lasset den Heiligthümern euerer
Stadt das Recht Privatvermächtnisse annehmen zu dürfen. Soll denn die Religion der Römer allein keinen
Antheil haben an dem Rechte der Römer? Die Freigelas-
senen dürfen Legate annehmen, selbst den Sklaven
wird nicht versagt was ihnen gesezlich vermacht ist;
nur die edelgebornen Jungfrauen der Vesta sollen
ausgeschlossen sein von dem Rechte des Besitzes, ja
man nimmt ihnen noch ihren spärlichen Lebensunter-
halt. Auf solche Frevel aber ist stets öffentliches Unglück gefolgt[269].

Dass diese Sätze nicht das Werk blosser Rheto-
rik, sondern in der Wärme des Gefühles geboren sind,
wird niemand bezweifeln der Erlebtes von Reflectir-
tem zu unterscheiden weiss; ebensowenig aber lässt
sich verkennen, dass sie aus einer elegischen, nicht
aus einer heroischen Gemüthsstimmung hervorgegan-
gen sind: denn nicht die aufgehende, nur die untergehende Sonne des religiösen Bewusstseins spiegelt
sich darin.

---

[268] Symmachus Epist. X, 61, 12: ullumne lucrum compensat invidia?
Vergl. das oben Anm. 155 aus Ammianus Marcellinus XXI, 16,
17 angeführte.

[269] Symmachus betrachtet als Strafe dafür eine in Rom ausgebrochene
Hungersnoth (vergl. auch Symmachus Epist. II, 7.), wogegen Ambrosius bemerkt, dass in anderen Provinzen des Reiches die Erndte
ungewöhnlich ergiebig ausgefallen sei.

Weniger schön, und gar nicht sentimental. aber mit ungleich grösserer Frische und innerem Selbstvertrauen erwiderte auf diese Standrede des heidnischen Praefecten Symmachus der christliche Bischof Ambrosius folgendes: Ihr begehret von den Kaisern Frieden für eure Götter; wir erbitten für die Kaiser selbst Frieden von Christus [270]. Nicht euere Götteropfer haben den Hannibal von Rom, die Gallier vom Capitole abgehalten: jener kam bis unter die Mauern Roms, und dieses haben Gänse gerettet. Nicht in Thiereingeweiden, in der Mannhaftigkeit der Soldaten sind die Trophäen des Sieges. Roma spricht umgekehrt: dass sie nicht erröthe in ihrem hohen Alter noch mit dem ganzen übrigen Erdkreise sich zu bekehren; denn niemals ist es eine Schande gewesen zu dem Besseren überzugehen. Kommet alle und lernet auf Erden den Kriegsdienst für den Himmel, dessen Geheimnis Gott selbst mich lehren mag, der ihn geschaffen hat, nicht ein Mensch der sich selbst nicht kennt [271]. Fordert die Wiederherstellung eueres Aberglaubens von demjenigen der ihn theilt: Valentinianus, wenn er euch willfahren würde. könnte nicht

---

[270] Ambrosius Epist. 18, 8: non congruunt vestra nobiscum. vos pacem diis vestris ab imperatoribus obsecratis, nos ipsis imperatoribus a Christo pacem rogamus. Vergl. die Anm. 226 angeführten Stellen des Johannes Chrysostomus I p. 71, A. II p. 548, A ff.

[271] Ambrosius Epist. 18, 7: non in fibris pecudum, sed in viribus bellatorum tropaea victoriæ sunt .. Non erubesco cum toto orbe longaeva converti .. nullus pudor est ad meliora transire .. Venite et discite in terris caelestem militiam: hic vivimus, et illic militamus. Caeli mysterium doceat me deus ipse qui condidit, non homo qui se ipsum ignoravit.

mehr unsere Kirche besuchen, denn er würde dort
entweder keinen Priester finden, oder, wenn er einen
fände, einen der ihm entgegenträte[272]. Ein christlicher
Kaiser kann nur Christo einen Altar bauen; für den
wir stolz sind unser Blut vergossen zu haben, unbe-
kümmert um alle irdischen Güter. Statt der sieben
mit Purpur geschmückten Vestalinnen haben wir Schaa-
ren heiliger Jungfrauen, die keine Privilegien haben
und keine begehren, ausser dem einzigen, in völliger
Armuth ihrem Gotte zu dienen[273]. Dass man eueren
Priestern das Recht, Vermächtnisse anzunehmen, entzogen hat? Wolan auch unseren Priestern ist dieses Recht
durch neuere Geseze entzogen worden; und niemand
beklagt sich darüber[274]. Soll etwa was eine christliche
Wittwe einem heidnischen Priester vermacht hat, gültig sein; was aber einem christlichen Priester, ungül-
tig? Übrigens ist es euch und eueren Tempeln erlaubt
Geschenke anzunehmen; nur Grundstücke sind euch
verboten, weil ihr sie nicht religiös verwaltet habt.
Wollt ihr euch aber auf unser Beispiel berufen, so
müsst ihr auch unsere Pflichten erfüllen: was die Kirche

---

[272] Ambrosius Epist. 17, 13 und 57, 2: postremo si fecisset, aut non
veniret ad ecclesiam, aut si veniret, futurum ut aut sacerdotem
non inveniret, aut inveniret sibi in ecclesia resistentem.

[273] Vergl. über diese gottgeweihten Jungfrauen, auf welche Christen
und Heiden mit Bewunderung hinblickten, Athanasius in Apologia
ad Constantium 33. T. I p. 317, D. Theodoretus Hist. religiosa
c. 30 (Op. III p. 896 f.)

[274] Ambrosius Epist. 18, 13: nobis etiam privatæ successionis emolu-
menta recentibus legibus denegantur, et nemo conqueritur. Vergl.
Cod. Theod. XVI, 2, 20.

besizt gehört den Armen[275]. Unsere Erndte sind
die Gläubigen und die Gnade der Kirche unsere Wein-
lese, die seit Beginn der Welt in den Heiligen zu grünen
angefangen, in den lezten Zeiten aber über alle Völker
sich ausgedehnt hat[276].

Die Entscheidung des christlichen Kaisers konnte
nicht zweifelhaft sein: ungeachtet alle seine geheimen
Räthe, die christlichen wie die heidnischen, für die
Wiederherstellung stimmten, wollte doch der Kaiser
selbst, wie Ambrosius sich ausdrückt, dem Urheber
seines Seelenheiles mehr gehorchen als seiner leiblichen
Mutter Roma, und auch den Schein nicht auf sich
nehmen als ob er eine Religion, die er doch selbst
für eine falsche erkannt habe, nichtsdestoweniger von
neuem begründe[277]. Der Altar der Victoria, den bereits Constantius entfernt, Julianus wieder herge-

---

[275] Ambrosius Epist. 18, 16: nemo tamen donaria delubris et legata
haruspicibus denegavit: sola sublata sunt praedia, quia non reli-
giose utebantur iis, quae religionis jure defenderent. Qui nostro
utuntur exemplo, cur non utebantur officio? nihil ecclesia sibi nisi
fidem possidet . . possessio ecclesiae sumtus est egenorum. Vergl.
de Off. ministrorum II, 15. 28. Übrigens soll die Römische Kirche
damals die Gewohnheit gehabt haben, kein Immobiliarvermögen zu
besizen, sondern alle derartigen Güter zu verkaufen und den Er-
lös in drei Theile zu theilen, von denen der eine für die Kirche
bestimmt, der andere dem Bischof, der dritte dem Klerus übergeben worden sei: Theodorus Lector Hist. eccles. II p. 567, A.

[276] Ambrosius Epist. 18, 28: ergo et messis nostra fides animorum
est, ecclesiae gratia meritorum vindemia est, quae ab ortu mundi
virebat in sanctis, sed postrema aetate se diffudit in populos.

[277] Ambrosius De obitu Valentiniani §. 19. 20. 52 und Epist. 57, 2.

stellt, Gratianus von neuem entfernt hatte[278]. wurde
für jezt nicht wieder hergestellt[279]; ebensowenig
die Privilegien der Vestalinnen. Übrigens erfahren
wir bei dieser Gelegenheit, dass im damaligen Rom
noch in allen Tempeln und Capellen, deren über drei-
hundert existirten[280], Opfer gefeiert wurden, und dass

[278] Ambrosius Epist. 17, 5. 18, 32 übereinstimmend mit Symmachus
Epist. X, 61, 5. 7.

[279] Eine sehr vorübergehende Wiederherstellung erfolgte im J. 393
unter der kurzen Herschaft des den Christen nicht eben freundlichen (Sozomenus VII, 22; nach Philostorgius XI, 2: heidnischen)
Usurpators Eugenius, welchem Ambrosius mit derselben hohenprie-
sterlichen Unerschrockenheit entgegentrat, die ihn überall in seinem
Leben auszeichnete, und die er auch dem Theodosius gegenüber
grundsäzlich aussprach in den goldenen Worten Epist. 40, 2: neque imperiale est libertatem dicendi denegare, neque sacerdotale quod
sentias non dicere . . Siquidem hoc interest inter bonos et malos
principes, quod boni libertatem amant, servitutem improbi. Nihil
etiam in sacerdote tam periculosum est apud deum, tam turpe apud
homines, quam quod sentiat non libere denuntiare. Demgemäss
schreibt er an Eugenius Epist. 57: Symmachus habe als Heide
seiner Religionspflicht genügt, er Ambrosius als christlicher Bischof gehandelt; er habe zwar nicht zu der gewaltsamen Aufhe-
bung der alten Cultusinstitute gerathen, wol aber dazu dass, nachdem sie einmal aufgehoben waren, sie nicht wiederhergestellt würden, und Valentinianus habe, indem er seinem Rathe gefolgt, nichts
anderes gethan als was der christliche Glaube von jedem der ihm
angehöre fordere. „Deine Güte, o Kaiser, hat den Heiden auf ihre
dreimalige Bitte endlich zurückgegeben was sie begehrten; ich
habe nicht die Gründe deiner Freigebigkeit zu untersuchen, bin
auch nicht neidisch auf die Vortheile anderer, sondern nur der
Dollmetscher unseres Glaubens. Du aber, wenn du auch Kaiser
bist, bist Gott nur um desto mehr unterthan, und hättest darum,
gerade weil niemand dich zwingen kann, in dieser Sache die Priester befragen sollen.“ Vergl. auch Paullinus v. Ambrosii 26.

[280] Nach dem Curiosum urbis p. 30 und dazu Preller p. 81 ff. schwankt

alle Bäder, Säulenhallen, und Strassen mit Götterbildern noch angefüllt waren [281].

Bald nach diesem Vorspiele jedoch erliessen Valentinianus und Theodosius an den wegen seiner Hei-
denverfolgungen bekannten Praef. P. Cynegius [282] am
25. Mai 385 den wiederholten Befehl: dass bei Strafe
der qualvollsten Hinrichtung kein Sterblicher es wagen
solle durch Eingeweideschau die Wahrheit gegenwär-
tiger oder zukünftiger Dinge erforschen zu wollen [283];
im folgenden Jahre sandten sie denselben Mann mit
ausgedehnten Vollmachten, überall die Tempel zu
schliessen, nach Syrien und Aegypten [284]: und nun

---

die Zahl der vici und aedes im damaligen Rom zwischen 423
und 323. S. das Detail bei Beugnot I, 257 ff.

[281] Ambrosius Epist. 18, 31: omnibus in templis arae, ara etiam in
templo Victoriarum . quoniam numero delectantur, sacrificiaque sua
ubique concelebrant.. non illis satis sunt lavacra, non porticus,
non plateae occupatae simulaeris? welches auch der Heide Libanius
II p. 180 ff. bestätigt.

[282] Gothofredus zu Libanius II p. 194 f. Tillemont Hist. des empereurs V p. 229 ff. Das Hauptzeugnis bei Idacius in Chronico ad
Ol. 292, 1 und in den Fasti ad ann. 388 (in Florez Espana sagrada IV p. 483 f.): defunctus est Cynegius Pf. orientis in con-
sulatu suo Constantinopoli . hic universas provincias longi tempo-
ris tabe deceptas in statum pristinum revocavit . et usque ad
Aegyptum penetravit et simulacra gentium evertit . unde cum
magno fletu totius populi civitatis deductum est corpus ejus ad
Apostolos die XIV kal. April. et post annum transtulit eum ma-
trona ejus Achantia ad Hispanias pedestre.

[283] Codex Theodosianus XVI, 10, 9 und Codex Justiniani I, 11, 2.

[284] Zosimus IV, 37, 5. 6. Obgleich auch damals noch, in einem Edicte
vom 16. Juni 386 im Cod. Theod. XII, 1, 112 der Tempelcultus
und seine Priestercollegien formell anerkannt werden.

begann von allen Seiten her, mit vereinten Kräften
der Kaiser, der Bischöfe und der Mönche, ein wol-
berechneter planmässiger Angriff, der nur mit der
völligen Zerstörung aller heidnischen Culte im Orient
endigen sollte. Theodosius, troz seiner Sünden mit
Recht der Propagator der Kirche [285] und der Grosse
genannt, liess sich dabei ohne Zweifel vorzugsweise
durch politische Gründe bestimmen; denn persönlich
war er zwar zornmüthig, keineswegs aber engherzig
confessionell [286]. Er wollte die Einheit des Reiches
und sein politischer Verstand sagte ihm, dass hiezu
vor allem Einheit der Religion nothwendig sei; weshalb er gleich im Beginne seiner Regierung, am 27.
April 380 das bekannte kategorische Edict erliess: dass
alle seine Unterthanen den Glauben bekennen sollten,
den der Apostelfürst Petrus von Anfang an den Römern überliefert habe [287]; und im folgenden Jahre
am 4. Mai 381: dass jeder der vom Christenthum zum

---

[285] Orosius VII, 34: Theodosius . . cum in omnibus humanæ vitæ
virtutibus Trajano par fuerit, in fidei sacramento religionisque
cultu sine ulla comparatione praecessit . siquidem ille persecutor,
hic propagator ecclesiæ; und Sozomenus VIII, 1: ἐς τὰ μάλιστα
τὴν ἐκκλησίαν αὐξήσας.

[286] Dass Theodosius persönlich durchaus nicht exclusiv gegen die
Heiden gewesen, dieselben vielmehr an seine Tafel gezogen und
mit hohen Staatswürden bekleidet habe, bezeugen gleichmässig
heidnische und christliche Schriftsteller: Libanius II p. 203, 1 ff.
und Prudentius adv. Symmachum I, 617 ff. und sein thatsächliches
Verhältnis zu Libanius, Themistius, Symmachus.

[287] Codex Theodosianus XVI, 1, 2: cunctos populos, quos clementiæ
nostræ regit temperamentum, in tali volumus religione versari,
quam divum Petrum apostolum tradidisse Romanis religio usque
ad nunc ab ipso insinuata declarat. Vergl. Sozomenus VII, 4. 12.

Heidenthum übergehe, sofort das Recht verlieren solle,
über sein Vermögen testamentarisch zu verfügen [255].
Die Bischöfe und die Mönche handelten in Kraft ihrer
religiösen Überzeugung, wonach ihnen der christliche
Glaube, als der allein wahre, auch als der einzig
berechtigte erschien. Sie bekannten sich zwar theore-
tisch zu dem Grundsaze: dass es der christlichen Religion eigenthümlich sei, niemanden zu zwingen, und
dass nicht mit dem Schwerte und nicht durch Militär-
gewalt, sondern nur durch Überredung, vernünftige
Belehrung und freundlichen Rath die Wahrheit ver-
kündigt werden und siegen solle [249]: praktisch aber
haben sie vielfach diesem Grundsaze zuwider gehandelt. Ganze Schwärme fanatischer Mönche, ohne Zwei-

---

[255] Cod. Theod. XVI, 7, 1: his qui ex Christianis pagani facti sunt
eripiatur facultas jusque testandi. omne defuncti si quod est te-
stamentum, summota conditione, rescindatur: welche Bestimmungen,
anfangs nur für die morgenländischen Provinzen erlassen, in den
folgenden Jahren auf alle Provinzen des Röm. Reiches ausgedehnt
wurden: Cod. Theod. XVI, 7, 2 ff.

[249] Lactantius V. 19: defendenda religio est non occidendo sed mo-
nendo, non saevitia sed patientia, non scelere sed fide . . nihil
enim est tam voluntarium quam religio: und V, 20: nos non ex-
petimus ut deum nostrum, qui est omnium creator, velit nolit co-
lat aliquis invitus, nec si non coluerit irascimur. Confidimus enim
majestati ejus, qui tam contemtum sui possit ulcisci, quam servo-
rum suorum labores et injurias. Hilarius Pictaviensis ad Constantium I, 6 p. 1221. C: deus universitatis est dominus, obsequio
non eget necessario. non requirit coactam confessionem . . nostra
potius non sua causa venerandus est . non possum nisi volentem
recipere, nisi orantem audire, nisi profitentem signare. Athanasius
1 p. 363. B: οὐ γὰρ ξίφεσιν ἢ βέλεσιν, οὐδὲ διὰ στρατιωτῶν ἡ
ἀλήθεια καταγγέλλεται, ἀλλὰ πειθοῖ καὶ συμβουλίᾳ, und p. 384.
C: θεοσεβείας μὲν γὰρ ἴδιον, μὴ ἀναγκάζειν ἀλλὰ πείθειν, nach

fel im Auftrag der Bischöfe[290], ergossen sich 387 in
Syrien über das Land und zerstörten überall die heidnischen Capellen inmitten der Felder; worüber Libanius, zu gutmüthig um den tückischen Plan zu durch-
schauen, noch im Jahre 388 in einer schönen Rede
an Theodosius bitterlich klagt. „Überall wo sie das
Heilthum des Feldes zerstören, tödten sie damit die
Seele desselben. Denn in Wahrheit, o König, die
Tempel sind die Seele der Felder, sie waren der Anfang alles Anbaues und aller Ansiedelungen, die durch
so viele Generationen bis auf uns gekommen sind,
und die Bauern setzen mit Recht auf diese Heiligthümer
ihre Hoffnungen für Mann, Weib, Kind, Vieh, für

den Worten Christi: so euch einer nicht aufnehmen, noch euere
Rede hören will, gehet heraus aus dem Hause oder der Stadt
und schüttelt den Staub von eueren Füssen: Matth. 10, 14. und:
wer mir nachfolgen will, der verleugne sich selbst und nehme
sein Kreuz auf sich: Matth. 16, 24. Ebenso Johannes Chrysostomus II p. 540, A: οὐδὲ γὰρ θέμις Χριστιανοῖς ἀνάγκῃ καὶ βίᾳ
καταστρέφειν τὴν πλάνην, ἀλλὰ καὶ πειθοῖ καὶ λόγῳ καὶ προ-
σηνείᾳ τὴν τῶν ἀνθρώπων ἐργάζεσθαι σωτηρίαν. IX p. 149, E:
οὐ δύνασαι ποιῆσαι σημεῖα καὶ πεῖσαι: οἷς ἔχεις πεῖσον· φιλαν-
θρωπίᾳ, προστασίᾳ, ἡμερότητι, κολακείᾳ, τοῖς ἄλλοις ἅπασι.
X p. 305, B: die schlechte Lehre, die verdorbene Denkart, nicht
den Menschen müssen wir hassen; denn der Mensch ist ein Werk
Gottes, der Irrwahn ein Werk des Satans: du darfst die Werke
Gottes und die des Satans nicht mit einander verwechseln; und
weiterhin p. 306, E. 307, A: nichts zieht die Heiden so sehr an,
als wenn wir sie milde und liebevoll behandeln: Liebe ist die
grosse Meisterin, sie vermag die Menschen vom Irrwahne zu be-
freien, ihren Sinn umzubilden, zur Weisheit sie zu führen; und
gleicherweise auch der treffliche Isidorus Pelusiota Epist. III, 363:
worauf sich auch Libanius II p. 179 den Christen gegenüber beruft.

[290] Vergl. unten Anm. 331.

ihre Saaten und für ihre Pflanzungen, und der Acker
der sein Heiligthum verloren hat, geht zu Grunde,
und mit den Hoffnungen des Landbauern alle Freu-
digkeit des Lebens; denn vergeblich glauben sie zu
arbeiten, wenn sie der Götter beraubt sind, welche
ihren Arbeiten das Gedeihen geben[291].

Gleichzeitig mit diesen Verwüstungen liess Mar-
cellus, Bischof von Apamea, mit Hilfe des Cynegius
und unter dem Schutze einer bedeutenden Militärmacht
den prachtvollen Tempel des Apameischen Zeus und
andere in der Provinz gewaltsam zerstören: was die
heidnische Bevölkerung so sehr erbitterte, dass die
vom Libanon herbeigeeilten Bauern den Bischof selbst
in den Flammen des Tempels mitverbrannten[292].
Wenige Monate später wie es scheint (389) liess Theophilus, Bischof von Alexandrien, ein Mann von hä-
mischem und goldgierigem Charakter[293], den dortigen
Tempel des Dionysos, den ihm auf seine Bitten der
Kaiser geschenkt hatte, in eine christliche Kirche umwandeln. Um den heidnischen Cultus zu verhöhnen
und dessen Anhängern die Albernheit ihrer Mysterien
vorzuhalten, befahl er die in dem Tempel entdeckten
Phallusbilder und was er sonst Lächerliches vorgefun-
den hatte, öffentlich zur Schau auszustellen. Dabei

---

[291] Libanius II p. 167.

[292] Sozomenus VII, 15 p. 725 f. Theodoretus V, 21. Theophanes
Chronogr. p. 112. Cedrenus p. 569. Auf die Zerstörung dieses Tempels beziehe ich auch was Libanius II p. 192 ff. absichtlich ohne
die bekannten Namen zu nennen berührt.

[293] Socrates VI, 2. 5. 9 f. 15 ff. und Isidorus Pelusiota Epist. I, 152:
τὸν λιθομανῆ καὶ χρυσολάτρην Θεόφιλον.

aber kam es zwischen den beschämten Heiden und
den übermüthigen Christen zu einem förmlichen Strass-
senkampfe, in welchem auf beiden Seiten viele getödtet, noch mehrere verwundet wurden. Zulezt ver-
schanzten sich die Heiden in dem auf einer kleinen
Anhöhe gelegenen festen Tempel des Serapis, wo der
Priester und Philosoph Olympius sie zu standhafter
Vertheidigung der väterlichen Religion, für die man
nöthigenfalls auch sterben müsse, aufforderte. Nunmehr, um jeden derartigen Anlass für immer wegzuräumen, beschlossen nach eingeholter Genehmigung
des Kaisers der Bischof Theophilus, der Stadtpraefect
Evagrius, und Romanus der Befehlshaber der kaiserlichen Truppen, sämmtliche Tempel der Stadt und
der ganzen Provinz, als die Ursachen der Volksauf-
stände ($\dot{\omega}\varsigma$ $\alpha\dot{\iota}\tau\dot{\iota}o\upsilon\varsigma$ $\sigma\tau\dot{\alpha}\sigma\epsilon\omega\varsigma$ $\tau\tilde{\omega}$ $\delta\dot{\eta}\mu\omega$!) gänzlich zu zerstören. Das Serapeum vor allen, nach der Grossar-
tigkeit seiner Anlage und der unermesslichen Fülle
seiner Kunstschätze, nächst dem Römischen Capitol
der prachtvollste Bau auf der ganzen Erde [294] und,
wie ein christlicher Annalist es nennt, eine der lezten
Säulen des einstürzenden Heidenthums [295], wurde bis

---

[294] Ammianus Marcellinus XXII, 16, 12: Serapeum atriis columnariis
amplissimis, et spirantibus signorum figmentis, et reliqua operum
multitudine ita est exornatum, ut post Capitolium, quo se vene-
rabilis Roma in aeternum attollit, nihil orbis terrarum ambitiosius
cernat. Ähnlich die Expositio totius mundi in J. Gronovii Geographica
antiqua p. 260: unum est solum spectaculum novum in omni mundo

[295] Prosperi Tironis Aq. Chronicon ad ann. VIII Theodosii (in der Pa-
riser Ausg. von 1711, Appendix p. 211, D) : apud Alexandriam
templa destructa, in quibus Serapis, antiquissimum et notissimum
templum, quod quasi quaedam columna ruentem sustinebat idolo-

auf seine Grundmauern ($\acute{\epsilon}\omega\varsigma$ $\acute{\epsilon}\delta\acute{\alpha}\varphi ov\varsigma$) verbrannt und
niedergerissen; der Nilmesser wieder in die christliche
Kirche gebracht[296]; alle Metallstatuen mit Ausnahme
einer einzigen des Anubis mit dem Affenkopfe, die
man zur ewigen Beschämung der Heiden sorgfäl-
tig aufbewahrte[297], wurden eingeschmolzen, und der
Ertrag zum Besten der Kirchen und der Armen verwendet. Olympius soll nach Italien geflohen sein, die
Grammatiker Helladius und Ammonius, jener des Zeus,
dieser des Anubis Priester, die jene blutigen Kämpfe
mitgekämpft hatten, flüchteten sich nach Constantinopel[298]. Auf das göttergläubige Volk soll diese Zerstörung auch darum einen grossen Eindruck gemacht
und viele zur Annahme des christlichen Glaubens bewogen haben, weil dabei die Ohnmacht der allmächtig

latriam. Ebenso nennt Rufinus II, 24 das Serapeum: caput ipsum
idololatriae.

[296] Rufinus II, 30. Vergl. oben S. 63.

[297] Socrates V, 16 p. 275, C. Gemeint ist ohne Zweifel der $\varkappa v v o$-
$\varkappa \acute{\epsilon} \varphi \alpha \lambda o\varsigma$ "$Ava\upsilon\beta\iota\varsigma$, dessen auch Athanasius Orat. c. Gent. 22 gedenkt.

[298] Sozomenus VII, 15. Socrates V, 16. Theodoretus V, 22. am
ausführlichsten Rufinus II, 22 — 30. ausserdem Paulinus Nola-
nus poem. 19, 110. Theophanes Chronogr. p. 111. 112. Michael
Glycas Ann. IV p. 478. Nicephorus Callistus XII, 25 ff. und
unter den heidnischen Schriftstellern Eunapius v. Aedesii p. 43 ff.
mit den Anm. von Wyttenbach p. 147 ff. Zosimus V, 23, 5.
Damascius bei Suidas v. "$O\lambda v \mu \pi o\varsigma$ p. 1088 f. Tillemont Hist. des
empereurs V p. 310 ff. Für die Zeitbestimmung Marcellinus Chron.
ad ann. 389 bei Gallandi X p. 344, A: templum Serapidis apud
Alexandriam Theodosii imp. edicto solutum est. Auch Theophilus
selbst in seiner im J. 400 geschriebenen Epistola synodica §. 3.
bei Gallandi T. VII p. 611, B gedenkt dieser destructio Serapii.

geglaubten Götter und die Eitelkeit der alten Prophe-
zeiungen die sich daran knüpften, offenbar geworden
ist. Es war nemlich seit alter Zeit der Glaube verbreitet, dass wenn man an das Serapisbild handan-
lege, zugleich mit ihm der Himmel einstürzen und
die Erde in das Chaos zurückkehren werde: während
es sich nun zeigte, dass ein gemeiner christlicher Sol-
dat ohne dass ihm oder andern ein Leid widerfahren,
den Koloss mit der Axt zertrümmert hat[299]. An der
Stelle des Serapeums aber wurden eine Märtyrerca-
pelle und eine christliche Kirche erbaut[300].

Gleicherweise unter dem hartnäckigen Widerstande
der heidnischen Bevölkerung, den nur die Militärge-
walt niederschlug, wurden die Tempel zu Petra und
Areopolis in Arabien und zu Raphia in Palaestina zerstört[301]; und dasselbe scheint unter ähnlichen Kämpfen fast überall in den morgenländischen Provinzen
des Reiches geschehen zu sein[302]. Nur einige der be-

---

[299] Rufinus II, 23 p. 295 f: quod si humana manus simulacrum illud
contigisset, terra dehiscens illico solveretur in chaos, caelumque
repente rueret in praeceps.. und II, 24: unde et plurimi ex his,
condemnato errore et scelere deprehenso, fidem Christi et cultum
verae religionis amplexi sunt. Vergl. auch die interessante Notiz
in den Apophthegmata patrum in Cotelerii Monumenta ecclesiae
Graecae I p. 427: dass die Nachricht von dem Falle des Serapeums
gerade in dem Momente nach Alexandrien kam, als dort im Theater ein Wettfahrer, den man den Sohn der Maria nannte, gestürzt,
sich wiedererhoben, und gesiegt habe.

[300] Rufinus II, 27: in Serapis sepulcro, profanis aedibus complanatis
ex uno latere martyrium, ex altero consurgit ecclesia.

[301] Sozomenus VII, 15 p. 725, C.

[302] Johannes Malalas p. 344, 19. Leo Grammaticus p. 102, 10. Chro

rühmtesten Tempel, wie der zu Damaskus und der
Tempel des Baal zu Heliopolis, der auch heute noch
in seinen Trümmern zu Baalbeck von erschütternder
Wirkung ist, befahl Theodosius in christliche Kirchen
umzuwandeln [303]. Die drei Tempel auf der Akropolis
zu Constantinopel, welche schon Constantinus geschlossen hatte, liess er zerstören, indem er den des Helios in eine Wohnhalle, welche er der Sophienkirche
schenkte, den der Artemis in ein Spielhaus, und den
der Aphrodite in eine Wagenremise für den Praefectus
Praetorio umwandeln, und um den leztern her kleine

nicon Paschale p. 561, 9. Cedrenus p. 573, 18: τοὺς εἰδωλικοὺς
ναοὺς πάντας ἕως ἐδάφους κατέλυσεν. Ambrosius De obitu
Theodosii §. 4: omnes cultus idolorum fides ejus abscondit, omnes
eorum cerimonias obliteravit, und §. 38: sacrilegos removit errores,
clausit templa, simulacra destruxit. Rufinus II, 26: vastata sunt
omnia atque ad solum deducta. Augustinus C. D. V, 26: simulacra gentilium ubique evertenda praecepit. Isidorus s. Mellitus in
Chronico bei Florez Esp. sagr. VI p. 464: gentium templa per totum orbem jubente Theodosio eodem tempore subvertuntur . nam
adhuc intemerata manebant.

[303] Moses Chorenensis III. 33 p. 268. Johannes Malalas p. 344, 20 ff.
und Chronicon Paschale p. 561, 12 ff. Der Tempel zu Heliopolis
hiess τὸ λεγόμενον τρίλιθον, weil die einzelnen Säulen desselben
nicht monolithe sondern trilithe waren d. h. aus je drei Stücken
bestanden, wie Markland in den Noten zum Chron. Pasch. p. 398
mit Recht erklärt. Die in den Auszügen aus der Kirchengeschichte
des Johannes episcopus Asiae in Assemani Bibl. orient. T. II p. 89
enthaltene Notiz: anno 866 (der Alex. Aera = 546 nach Chr.)
idolum solis in Heliopoli Phoenieiae urbe fulmine percussum, in
cineres una cum templo redactum fuit . longum fuisse dicitur
centum et quinquaginta cubitos, latum septuaginta quinque: kann
sich unmöglich auf einen und denselben Tempel mit dem vorigen
beziehen.

Hospitien anlegen liess, die den ärmeren öffentlichen
Dirnen der Stadt unentgeldlich sollten überlassen werden [304].

Nachdem also mit Hilfe des Schwertes thatsächlich im Oriente aufgeräumt worden war, erfolgte von
Mailand aus, am 24. Febr. 391, auch für die abendländischen Provinzen, wo bisher die Weihrauchopfer
und der Besuch der Tempel noch gestattet waren [305],
folgendes Edict: Niemand soll sich durch Thieropfer
beflecken, niemand ein unschuldiges Opferthier tödten,
niemand die Tempel betreten, oder in ihnen eine religiöse Handlung vornehmen und die von Menschen-
händen gemachten Götterbilder verehren. Wer dem
profanen Cultus ergeben, auf dem Lande oder in der
Stadt, in einem Tempel betet, soll sofort in eine Strafe
von fünfzehn Pfund Gold verfallen, und dieselbe Summe
soll das Amtspersonale erlegen, wenn es nicht sogleich
das Verbrechen zur öffentlichen Anzeige bringt [306]:
welches Interdict einige Monate später auch dem Statthalter von Aegypten mitgetheilt wurde, um es auf
die dort etwa noch bestehenden Tempel und ihre Ver-
ehrer anzuwenden [307].

---

[304] Moses Chorenensis III, 33 p. 268 und Johannes Malalas p. 345,
12 ff. Unter der Wohnhalle, αὐλὴ οἰκημάτων, scheint mir ist ein
Fremdenhaus, ξενών, zu verstehen, dergleichen die christlichen
Kirchen zur Ausübung der Gastfreundschaft hatten: Johannes Chrysostomus IX p. 346, E: οἴκημα κοινὸν τῇ ἐκκλησίᾳ ὅν ξενῶνα κα-
λοῦμεν.

[305] Libanius II p. 163. 164. Zosimus IV, 29, 4.

[306] Codex Theodosianus XVI, 10, 10. Zosimus IV, 33, 8.

[307] Cod. Theod. XVI, 10, 11. und Sozomenus VII, 20.

Man sollte nun glauben, es wäre in dem bisherigen
des Guten schon zu viel geschehen: es wurde aber
nichtsdestoweniger für nöthig erachtet auf dem Wege
der Gesezgebung von Constantinopel her am 10. Nov.
392 noch folgendes schonungslose Decret zu erlassen[308]:
Durchaus niemand, welches Standes, welcher Würde
er sei, gleichviel ob er noch eine Amtsgewalt hat oder
ob er eine solche gehabt hat, ob er reich oder arm,
vornehm oder gering ist, keiner soll an irgend einem
Orte, oder in irgend einer Stadt, den sinnlosen Götterbildern ein unschuldiges Opferthier schlachten, oder
in geheimerer Sünde, seinen Lar durch angezündetes
Feuer, seinen Genius durch ungemischten Wein, seine
Penaten durch Wolgerüche verehren, Lichter anzün-
den, Weihrauch streuen, Blumengewinde aufhängen.
Wenn aber einer es wagt ein Thier zu opfern oder die
dampfenden Eingeweide zu befragen, so soll er wie
ein der Majestätsbeleidigung Schuldiger, den jeder anklagen darf, bestraft werden, auch wenn er nichts
gegen das Wohl oder über das Wohl der Fürsten
zu erforschen gesucht hat. Denn es reicht hin um
das Verbrechen voll zu machen, wenn man die
Geseze der Natur selbst zerreisst, Unerlaubtes erforscht, Verborgenes erschliesst, Untersagtes dennoch
unternimmt, das Ende eines fremden Lebens sucht,
und einem eines andern Untergang verspricht. Wenn
aber einer die von Menschenhand gemachten und vergänglichen Götterbilder mit Weihrauch verehrt, und
entweder durch einen mit Bändern gezierten Baum,
oder durch einen von Rasen errichteten Altar, die

[308] Cod. Theod. XVI, 10, 12.

eitelen Bilder wolfeilen Kaufes zwar, doch nichtsdestoweniger zum Schaden der Religion zu ehren versucht: der soll als ein der Religionsverletzung Schuldiger durch den Verlust des Hauses oder des Besiz-
thumes gestraft werden, in welchem er dem heidnischen Aberglauben gedient hat. Denn alle Örter wo
Weihrauch gedampft hat, sollen wenn sie Eigenthum
des Räuchernden sind, unserem Fiscus zufallen. Wenn
aber einer in öffentlichen Tempeln oder Capellen, oder
in fremden Häusern oder Äckern dergleichen Opfer
zu begehen versucht hat, so soll wenn es ohne Wissen
des Besitzers geschehen ist, dieser fünf Pfund Gold
als Strafe zu erlegen gezwungen werden; wenn er aber
ein Auge dabei zugedrückt, so soll er dieselbe Strafe
erleiden wie der Opfernde. Und ist es unser Wille
dass diese Bestimmungen durch die Richter, die Vertheidiger, und die kaiserlichen Beamten jeder Stadt
gewahrt werden, so dass das von den Defensores und
Curiales Entdeckte vor Gericht gebracht, von den
Judices aber das zur Anzeige Gebrachte bestraft werde.
Sollten aber die Defensores und Curiales aus Gunst
oder Nachlässigkeit etwas verdecken oder übergehen
wollen, so sollen sie einer richterlichen Zurechtwei-
sung unterliegen, die Judices aber, wenn sie daran
erinnert, die Ahndung vernachlässigen oder hinaus-
schieben, sollen in eine Geldstrafe von dreisig Pfund
Gold verfallen, und ihr Amtspersonale in die gleiche
Strafe."

Dass dieses Edict seinen Zweck erreicht und dass
sehr viele Heiden, namentlich in Aegypten, nachdem
ihnen die Möglichkeit genommen war, ihren Cultus

auszuüben, sich nunmehr der christlichen Kirche zugewendet haben, bemerkt Sozomenus ausdrücklich[309].
Damals auch, im sechzehnten Regierungsjahr Theodosius des Grossen (394) wurden die Olympischen
Spiele zum leztenmal gefeiert[310]; und in derselben Zeit
scheint der chryselephantine Koloss des Olympischen
Zeus von Phidias, nachdem er volle achthundert Jahre
lang seine Bestimmung erfüllt, und als ein leidenver-
scheuchendes Zaubermittel zu Trost und Erhebung
hellenischer Herzen gedient hatte[311], aus dem Tempel, der wenige Jahre später verbrannte[312], wegge-
bracht worden zu sein[313].

[309] Sozomenus VII, 20. Augustinus Epist. 93, 26. T. II p. 183 C:
pagani nos blasphemare possunt de legibus, quas contra idolorum
cultores christiani imperatores tulerunt: et tamen ex eis multi cor-
recti et ad deum vivum verumque conversi sunt et quotidie con-
vertuntur; und in einem um das Jahr 397 geschriebenen Briefe
Epist. 36, 4 T. II p. 52, F: ecclesiam toto terrarum orbe diffusam,
exceptis Romanis et adhuc paucis orientalibus.

[310] Cedrenus T. I p. 573. Dass noch unter Theodosius der schöne und
kräftige Varaztad aus dem Geschlechte der Arsaciden zu Pisa im
Faustkampf gesiegt hat, berichtet Moses Chorenensis III, 40 p. 279.
Vergl. Fallmerayer Gesch. Moreas I p. 135 f.

[311] Dion Chrysostomus Or. XII p. 400.

[312] Nach dem Scholiasten zu Luciani rhet. praecept. 9 in der Ausgabe
von Jacobitz T. IV p. 221. ist der Tempel abgebrannt unter Theodosius dem jüngeren.

[313] Dass der Olympische Zeus noch im Jahre 384 in Olympia stand,
bezeugt Themistius Or. XXXIV p. 455, 17 ausdrücklich. Vergl.
XXV p. 374. XXVII p. 406, 23. und Libanius Epist. 119. 1052.
Nach Cedrenus T. I p. 564. 616 wäre das Werk mit andern berühmten Tempelstatuen nach Constantinopel in den Palast des Lau-
sos gekommen (der unter Arcadius hohe Würden bekleidet und
viele kostbare Kunstwerke zusammengebracht hatte: Codinus De sig-

Aber auch damals noch hieng zu Rom ein grosser Theil des Senates fortwährend dem heidnischen
Cultus an, obgleich Theodosius alle Ausgaben für
denselben aus der Staatscasse verboten, und die Senatoren wiederholt ermahnt hatte, dem alten Irrwahne,
wie er ihn nannte, zu entsagen und den Glauben der
Christen anzunehmen, der für jede Sünde Verzeihung
verheisse. Die Senatoren jedoch, wird erzählt, hätten
sich von den alten Gebräuchen nicht abwendig machen lassen [314]; die Priester und Priesterinnen aber
seien vertrieben worden, und in den Tempeln habe
jeglicher Gottesdienst aufgehört. Das in Gold strot-
zende Capitol lag ungepflegt und traurig da, alle
Tempel waren mit Russ und Spinnengewebe überzo-
gen, das Volk liess sie liegen und eilte zu den Grä-
bern der Märtyrer [315]. Als darüber des Stilicho Gat-
tin Serena übermüthig frohlockend, einen Halsschmuck
der Göttermutter aus deren Capelle sich selbst umge-

---

nis Const. p. 37. 38), und dort in dem grossen Brande unter Zenon dem Isaurier (reg. 474 — 491) untergegangen.

[314] Zosimus IV, 59 und aus ihm Suidas v. Θεοδόσιος p. 1134. wogegen jedoch Prudentius adv. Symm. I, 578 ff. berichtet: Theodosius habe den Senat förmlich darüber · abstimmen lassen, ob der
Cultus des Jupiter oder die Religion Christi in Rom herschen
solle? worauf mit grosser Stimmenmehrheit die Absetzung des er-
steren sei beschlossen worden.

[315] Hieronymus in der im J. 393 geschriebenen Schrift Adv. Jovinia-
num II, 38: squalet Capitolium, templa Jovis et cerimoniae con-
ciderunt; und in einem Briefe vom J. 403. Epist. 107, 1 T. I. p.
678, B: auratum squalet Capitolium. fuligine et araneorum telis
omnia Romae templa cooperta sunt. movetur urbs sedibus suis et
inundans populus ante delubra semiruta currit ad martyrum tumu-
los. Vergl. Paulini Nolani poema 19, 61 ff.

hängt, habe eine alte Vestalin, die lezte der übrigge-
bliebenen, ihr deshalb Auge in Auge geflucht: dass
über sie selbst und ihren Mann und ihre Kinder der
Lohn dieser Gottlosigkeit kommen möge: welches
Fluchgebet sich vierzehn Jahre später (408) in der
Hinrichtung beider Eltern und ihres Sohnes Euche-
rius in grausenhafter Weise erfüllt hat[316].

Unter des Theodosius nie mündig gewordenen
Söhnen Arcadius und Honorius wurde, wie sehr auch
sonst ihre Regierung schwankte und die Schicksale des
Reiches ihrem Ende zugiengen[317], was den Paganismus betrifft, derselbe Vertilgungskampf consequent
fortgesezt. Die früheren Verbote des Tempelbesuches
und der Opfer wurden am 9. Aug. 395 unter Ver-
schärfung der angedrohten Strafen wiederholt[318]; im
folgenden Jahr am 11. Dec. 396 alle Privilegien der
heidnischen Priester und ihres gesammten Cultusper-
sonales ganz und gar aufgehoben, damit nicht diejenigen eines Vorrechtes sich erfreuen sollten, deren
Profession durch das Gesez verdammt sei[319]; und am
1. Nov. 397 dem kaiserlichen Statthalter in Antiochien

---

[316] Zosimus V, 38. Olympiodorus Fr. p. 449 Niebuhr. Vergl. Orosius
VII, 38. Sozomenus IX, 4. Philostorgius XII, 2. 3.

[317] Synesius De regno p. 21, B. C.

[318] Codex Theodosianus XVI, 10, 13. Vergl. den Canon des Conciliums von Karthago vom J. 397 §. 24, in der Ballerinischen Sammlung p. 114: qui auguria auspiciaque sive somnia vel divinationes
quaslibet secundum morem gentium observant, aut in domos suas
hujusmodi homines introducunt in exquirendis aliqua arte malefi-
ciis, aut ut domos suas lustrent, confessi poenitentiam quinquennio
agant secundum regulas antiquitus constitutas.

[319] Cod. Theod. XVI, 10, 14.

aufgetragen, das Materiale der zerstörten Tempel zur
Ausbesserung der öffentlichen Strassen, Brücken und
Wasserleitungen verwenden zu lassen[320]. Um muth-
willigen Zerstörungen und der dadurch hervorgeru-
fenen Erbitterung der heidnischen Bevölkerung im
Abendlande entgegenzuwirken, befahl zwar ein Edict
aus Ravenna vom 29. Jan. 399: dass der Schmuck
der öffentlichen Gebäude erhalten werden (volumus
publicorum operum ornamenta servari), und jedem
der sich bei deren Zerstörung auf ein besonderes kai-
serliches Rescript berufe, diese Schrift aus den Händen gerissen und den Kaisern solle vorgelegt werden[321]; aber wenige Monate später, am 13. Juli 399
erliessen dieselben Kaiser aus Damascus für das Mor-
genland, nach dem Antrage eines Karthagischen Pro-
vinzialconciliums, den Befehl: wenn es irgendwo noch
Capellen auf den Feldern gebe, so sollten sie ohne
Schwarm und Lärm zerstört werden, auf dass mit
ihrer Wegräumung aller Anlass zum heidnischen Cultus aufhöre[322]. In demselben Jahre am 19. März 399

---

[320] Cod. Theod. XV, 1, 36. woraus also hervorgeht, dass vor dieser
Zeit ein Edict erlassen worden sein müsse, welches die Zerstörung
der Tempel befohlen hat, welches Edictes auch XVI, 10, 18 Er-
wähnung geschieht.

[321] Cod. Theod. XVI, 10, 15 und Cod. Just. I, 11, 3.

[322] Cod. Theod. XVI, 10, 16: si qua in agris templa sunt, sine turba
ac tumultu diruantur. his enim dejectis atque sublatis, omnis su-
perstitionis materia consumetur. Es ist hier ausdrücklich nur von
Tempeln auf dem Lande, Feldcapellen, die Rede, nicht von grös-
seren kunstvollen städtischen Tempeln. Das Edict war veranlasst
durch den Antrag des unter dem Vorsitz des Augustinus am
27. Mai 398 zu Karthago gehaltenen Provincialconciliums, wel-

8

liessen die kaiserlichen Comites Gaudentius und Jovius auch die Tempel in der Stadt Karthago zerstören [323]. Da dies aber begreiflicher Weise grosse Aufregung in der ganzen Provinz hervorgebracht hatte,
so erfolgte nun von Padua her am 20. August 399
ein an den Proconsul von Africa gerichtetes, theil-

ches §. 15 (bei Mansi T. III p. 971) beschlossen hatte: item pla-
cuit, ab imperatoribus gloriosissimis peti, ut reliquiæ idololatriæ
non solum in simulacris, sed in quibuscunque locis vel lucis vel
arboribus omnimode deleantur. Ebenso in dem Codex canonum
ecclesiæ Africanæ c. 58 bei Justellus p. 361: templa quæ in agris
vel in locis abditis constituta null) ornamento sunt, jubeantur
omni modo destrui.

[323] Augustinus C. D. XVIII, 54. Idacius in Fastis ad ann. 399 bei
Florez Espana sagrada IV p. 484, und Prosperi Tironis Chron.
ad ann. IV Arcadii p. 212, A. Tillemont Hist. des empereurs V
p. 511 ff. Und über den damaligen allgemeinen Eifer in Karthago
die Tempel und Götterbilder zu zerstören, indem man darin nicht
zurückbleiben wollte hinter Rom (das Volk schrie: quomodo Roma
sic et Carthago) vergl. auch Augustinus Serm. 24, 6 Op. T. V
p. 92, D. E; De consensu evangel. I, 51: per omnes civitates
cadunt theatra, caveæ turpitudinum et publicæ professiones flagi-
tiorum; cadunt et fora vel moenia in quibus daemonia colebantur:
ferner Contra epist. Parmeniani I. 15 T. IX p. 13, C: paganorum
simulacra everti atque confringi jussa sunt recentibus legibus, in-
hiberi etiam sacrificia sub terrore capitali (geschrieben um das
J. 400); und Epist. 93, 10 T. II p. 177, D: quis nostrum non
laudat leges ab imperatoribus datas adversus sacrificia paganorum?
et certe longe ibi poena severior constituta est: illius quippe im-
pietatis capitale supplicium est. Augustinus selbst weihte den
schon seit längerer Zeit geschlossen gewesenen Tempel der dea
Caelestis (vergl. darüber Salvianus De gub. dei VII, 15 ff. und
VIII, 2) zu einer christlichen Kirche des wahren rex caelestis:
Pseudo-Prosper Aquitanus De promissis et praedictionibus dei III,
38, 5 p. 186, C. D.

weise wieder begütigendes Rescript folgenden Inhaltes:
Obwol wir alle profanen Gebräuche nunmehr durch
heilsame Geseze abgeschafft haben, so wollen wir
doch nicht dass die festlichen Zusammenkünfte der
Bürger und ihre gemeinsame Heiterkeit auch als abgeschafft betrachtet werde; sondern befehlen vielmehr,
dem Volke seine Vergnügungen nach alter Gewohnheit, jedoch ohne irgend ein Opfer und irgend eine
verdammliche Superstition, zu gewähren, sowie es
auch seine Festmalzeiten begehen zu lassen falls die
öffentlichen Wünsche dergleichen fordern[324]. Auch
soll niemand im Vertrauen auf unsere Sanction die
von unerlaubten Dingen leeren Tempelgebäude zu
zerstören unternehmen. Denn wir bestimmen hiemit
die Gebäude unversehrt zu erhalten; wer darin bei
einem Opfer betroffen wird, soll nach den Gesezen bestraft werden; die Götterbilder aber soll man von amts-
wegen zerstören nachdem eine richterliche Untersuchung darüber stattgefunden hat, wie man denn jezt

---

[324] Cod. Theod. XVI, 10, 17. und Cod. Just. I, 11, 4. Dieselbe politische Humanität gegen die öffentlichen Volksvergnügungen liegt
dem Edicte vom 25. April 396 zu Grunde: »es hat unserer Güte
gefallen den Provinzialen das Vergnügen des Majuma-Spieles zu-
rückzugeben, so jedoch dass dabei Anstand und züchtige Sitte
beobachtet werde«: Cod. Theod. XV, 6, 1 und Cod. Just. XI, 45 (46);
worauf jedoch, da diese Bedingung nicht eingehalten wurde, am
4. Oct. 399 folgendes Edict erfolgte: »scherzhafte Spiele zu feiern,
gestatten wir, um dem Volke seine Heiterkeit nicht zu verderben.
Jenes scheussliche und unzüchtige Schauspiel aber was majuma
genannt wird, untersagen wir«: Cod. Theod. XV, 6, 2. Vergl. darüber Andr. Rivini Diatribe de majumis, in J. G. Graevii Syntagma
variarum dissert. p. 537 ff.

noch offenbar dem eitelen Aberglauben habe dienen können [325]. Endlich war in demselben Rescripte als Grundsaz ausgesprochen, dass in allen Religionsangelegenheiten die Bischöfe entscheiden sollten [326].

Als jedoch demgemäss Porphyrius Bischof von Gaza im J. 401 um die Zerstörung der in dieser Stadt noch immer bestehenden Göttertempel bat, befahl der Kaiser nur, dass die Tempel geschlossen werden und die Befragung des Marnasorakels aufhören solle [327], zu gewaltsamen Zerstörungen aber wollte er sich nicht herbeilassen; und als der Bischof damit unzufrieden weiter in ihn drang, erwiderte er mit grosser Aufrichtigkeit: „er wisse wol dass diese Stadt götzendienerisch, aber auch dass sie sonst gutgesinnt sei, ihre Abgaben pünktlich entrichte, und der Staatscasse viel eintrage; beunruhige man sie nun plözlich, so sei zu fürchten dass die Einwohner sich wegflüchten und das Aerar Schaden leide; wenn man sie dagegen mässig bedrücke, den Götzendienern keinerlei Ämter und Würden ertheile, die Tempel verschliesse, und sie so von allen Seiten einenge, so würden sie leichter zur Erkennt-

---

[325] Cod. Theod. XVI, 10, 18.

[326] Cod. Theod. XVI, 11, 1: quoties de religione agitur, episcopos convenit agitare (= judicare).

[327] Hieronymus in der um das J. 390 geschriebenen Vita Hilarionis §. 14 nennt Gaza noch die Stadt der Heiden, urbs gentilium, und hofft dass das Marnasorakel bald fallen möge, idolum Marnas corruat; und ebenderselbe drückt sich in einem Briefe vom J. 403 Epist. 107, 2 T. I p. 679, B also aus: Jam Aegyptius Serapis factus est Christianus, Marnas Gazæ luget inclusus (der Tempel war geschlossen) et eversionem templi jugiter pertimescit.

nis der Wahrheit gebracht: denn jede plözliche und
übertriebene Maasregel sei hart für die Unterthanen." Zulezt aber gelang es doch den vereinten Be-
mühungen der Bischöfe von Gaza und von Caesarea
durch den Eunuchen Amantius die Kaiserin Eudoxia,
und durch diese den Arcadius, bei Gelegenheit der
Taufe seines Sohnes Theodosius des jüngern für die
Gewaltmaasregel zu gewinnen. Sämmtliche acht
Tempel von Gaza wurden dann durch kaiserliche
Truppen, unter Anführung eines zweiten Cynegius,
nach zehntägigem Widerstand der heidnischen Bevölkerung, mit Waffengewalt genommen und bis auf
den Grund niedergebrannt und zerstört; an der Stelle
des Haupttempels aber, des Zeus Kretagenes oder Marnas[328], liess die Kaiserin Eudoxia durch den Antio-
chenischen Architekten Rufinus eine grosse prachtvolle
Kreuzkirche (in figuram crucis) nebst einem Hospi-
tium aufführen, deren Einweihung am Ostersonntage
des Jahres 406 stattfand[329]. Gleichzeitig mit diesen
Zerstörungen in Gaza liess auch Johannes Chrysostomus die noch bestehenden Tempel der Göttermutter
in Ephesus und in Phrygien zerstören[330], und for-

---

[328] Vergl. Stephanus Byz. v. Γάζα p. 87, 8 f.

[329] Marcus in vita Porphyrii in den Acta Sanctorum Februarii T. III
p. 645 ff. (26. Febr.) und in Gallandi's Bibl. patrum IX p. 259 ff.
Die angeführten Worte des Kaisers stehen in jener Vita §. 41 und
Griechisch aus einer Wiener Handschrift in Neanders Kirchengeschichte III p. 175. vergl. auch dessen Johannes Chrysostomus II
p. 118 ff.

[330] Proclus in Homil. 20, 3 in Gallandi's Bibl. patr. IX p. 678, B:
in Epheso artem Midæ nudavit, in Phrygia matrem quæ dicebatur

derte die Mönche in Phoenicien wiederholt auf, die
lezten Reste des dortigen Heidenthums vollends aus-
zurotten [331]. Und nun erliessen dieselben Kaiser, Arcadius und Honorius, zu Rom am 24. Nov. 407, pub-
licirt zu Karthago am 9. Juni 408, folgenden Saecu-
larisationsbefehl: Die Jahreseinkünfte der Tempel sollen dem allgemeinen Unterstützungsfond zufallen, und
vorzugsweise unseren getreuen Soldaten zu Gute kommen. Die Götterbilder, wenn ihrer jezt noch in Tempeln oder Heiligthümern bestehen, die irgendwo von
den Heiden eine Verehrung empfiengen oder empfangen, sollen aus ihren Sitzen herausgerissen werden,
wie dieses bereits wiederholt ist befohlen worden. Die
Tempelgebäude selbst, welche in Städten oder festen
Orten oder ausserhalb derselben sich befinden, sollen
für den öffentlichen Gebrauch in Anspruch genommen, die Altäre überall zerstört, alle Tempel in unseren
kaiserlichen Besitzungen zu passendem Gebrauche verwendet werden; Privatbesitzer aber sollen gezwungen werden die ihrigen zu zerstören. Auch soll es
durchaus nicht erlaubt sein zu Ehren des frevelhaf-
ten Ritus gemeinsame Malzeiten zu halten oder irgend eine Feierlichkeit [332]. Den Bischöfen gestatten
wir diese Vorkommnisse mit der in ihren Händen

---

deorum sine filiis fecit, in Caesarea publicana meretricia honoris
vacua despoliavit rel.

[331] Johannes Chrysostomus Epist. 28. 51. 53. 54. 55. 69. 123. 126.
221. Gregorius Alexandrinus bei Photius Bibl. 96 p. 80. a. b.
Theodoretus V, 29.

[332] Die convivia und solennitates waren eine der lezten Zu-
fluchtsstätten des alten Cultus.

ruhenden kirchlichen Gewalt zu verhindern; unsere
Richter aber sollen dazu verpflichtet sein bei Strafe
von zwanzig Pfund Gold, und in dieselbe Strafe soll
ihr Amtspersonale verfallen, wenn durch seine Schuld
der Vollzug dieses Decretes vernachlässigt wird[333].

Troz aller dieser Erlasse aber finden wir auch
jezt noch zuweilen die höchsten Stellen der Civil-
und Militärverwaltung des Reiches mit Heiden besezt:
Messala Praef. praet. im J. 396, und Florentius Praef.
urbi im J. 397 waren entschiedene Anhänger der nationalen Religion[334]; ja auch der Stadtpraefect von
Constantinopel im J. 404, Optatus, war ein Heide[335];
und ebenso die beiden kaiserlichen Feldherrn, der
Gothe Fraiut, der es offen bekannte dass er die alten
Götter nach der väterlichen Weise anbete und verehre,
und sich nicht entschliessen könne die neue Religion
der Menge anzunehmen[336]; und der Gothe Generid,
der durch seine standhafte Anhänglichkeit an den al-

---

[333] Codex Theodosianus XVI, 10, 19 und am vollständigsten in den von
Sirmond herausgegebenen Constitutionen XII p. 465 f. Haenel.
Wie die heidnische Bevölkerung dieses Edict aufgenommen, beweist die Erzählung des Augustinus Epist. 91, 8 T. II p. 171, B ff.:
wonach die Heiden zu Calama in Numidien, nachdem sie ihr Fest
contra recentissimas leges dennoch gefeiert, nach demselben
in wildem Lärme an der christlichen Kirche vorüberzogen, die
Kirche mit Steinwürfen, das Dach mit Feuerbränden heimsuchten,
und sich jeden möglichen Unfug erlaubten; und dass die kaiserlichen Beamten bei dem allen wie gewöhnlich durch die Finger
gesehen haben.

[334] Symmachus Epist. IV, 50 ff. VII, 81 ff.

[335] Socrates VI, 18 p. 328, A.

[336] Zosimus V, 20, 1. 21, 11. Vergl. Socrates VI, 6 p. 309. B.

ten Cultus den Kaiser sogar gezwungen hat, eine Bestimmung welche alle Nichtchristen am kaiserlichen
Hofe von gewissen Ehrenauszeichnungen (einen Gür-
tel zu tragen) ausschloss, förmlich zurückzunehmen [337]:
und dass in Rom die heidnische Partei damals noch
der Zahl nach nicht unbedeutend war, bezeugen die
Zeitgenossen ausdrücklich. Als Rhadagais (406) an
der Spitze von mehr als zweimalhunderttausend Vandalen Alanen Sueven und Gothen in Italien einbrach,
das ganze Land überfluthete, und über Florenz gerade
auf Rom losgehen wollte um, wie Orosius sagt, alles
Römische Blut seinen Göttern zu opfern; da erhob
auch in Rom die alte Partei sich von neuem, um
ihren Göttercultus, dessen Vernachlässigung wie sie
glaubte den Staat ins Unglück gebracht, wiederaufzurichten: was aber durch Stilichos Feldherrngenie und
die gänzliche Niederlage der Feinde in den öden Gebir-
gen von Faesulae verhindert wurde [338]. Und derselbe
Versuch wurde zwei Jahre später noch einmal versucht.
Als Alarich im October 408 vor den Mauern Roms

---

[337] Zosimus V, 46, 5 ff. Vergl. Cod. Theod. XVI, 5, 42 und XVI,
    10, 21.

[338] Orosius VII, 37: Rhadagaisus, omnium antiquorum praesentiumque
    hostium longe immanissimus, repentino impetu totam inundavit
    Italiam.. qui, ut mos est barbaris hujusmodi gentibus, omnem Ro-
    mani generis sanguinem diis suis propinare devoverat. Hoc igi-
    tur Romanis arcibus imminente fit omnium paganorum in urbe
    concursus, Hostem adesse cum utique virium copia, tum maxime
    praesidio deorum potentem: urbem autem ideo destitutam et ma-
    ture perituram, quia deos et sacra perdiderit. magnis querelis ubi-
    que agitur et continuo de repetendis sacris celebrandisque tracta-
    tur. Vergl. Augustinus Serm. 105, 13 T. V p. 381 D. und Serm.
    296, 7 p. 837, D.

erschienen war und erklärt hatte: er werde nicht eher
von der Belagerung abstehen, bis er alles Gold und
Silber was in der Stadt sei empfangen habe: da wollten
in der äussersten Noth, von Hunger zugleich und von
Seuche zur Verzweiflung und zum Beten gebracht[339],
die heidnischen Senatoren und Pompejanus der Praefect der Stadt, mit Zuziehung Etruskischer Haruspices, die dasselbe bei Narni mit Glück wollten versucht haben, noch einmal die Hilfe der alten Götter
und deren Donner und Blitze gegen die Barbaren
aufbieten; ja selbst der damalige Bischof von Rom,
Innocentius, der die Rettung der Stadt seiner eigenen
Meinung vorgezogen, soll ihnen heimlich erlaubt ha-
ben, zu thun was sie wüssten ($\pi o\iota\varepsilon\tilde{\iota}\nu$ $\ddot{\alpha}\pi\varepsilon\rho$ $\ddot{\iota}\sigma\alpha\sigma\iota\nu$[340]).
Die Fulguratoren erklärten: der Senat müsse zum Ca-
pitol hinaufsteigen und dort und auf allen Plätzen
der Stadt die altgesezlichen Opfer bringen. Aber
siehe da, so berichtet Zosimus, keiner hatte den Muth

---

[339] Plinius VIII, 16, 56: quoniam tum praecipuus votorum locus est,
cum spei nullus est. Vergl. Diodorus Sic. XXIII, 13.

[340] Ich weiss wol dass die katholischen Kirchenhistoriker geneigt sind
diese Angabe als eine Erfindung des Zosimus zu betrachten; aber
wer andere gleichzeitige Stimmen aus jener Zeit über den Fall
Roms beachtet, wird die innere Wahrscheinlichkeit der Nachricht
nicht bezweifeln. Innocentius mochte denken wie der gleichzeitige
Hieronymus Epist. 123, 17: quid salvum est si Roma perit. 126, 2:
animus meus urbis Romae vastatione ita confusus est, ut juxta
vulgare proverbium proprium quoque ignorarem vocabulum, diu-
que tacui, sciens tempus esse lacrimarum. 127, 12: capitur urbs
quae totum cepit orbem, immo fame perit antequam gladio. 128, 4:
proh nefas orbis terrarum ruit . urbs inclyta et Romani imperii
caput uno hausta est incendio. 130, 5: urbs quondam orbis caput Romani populi sepulcrum est.

an dem alten Cultus sich zu betheiligen (οὐκ ἐθάρ-
ρησεν οὐδεὶς τῆς κατὰ τὸ πάτριον μετασχεῖν ἁγιστείας).
Man entliess die Tuscier, unterhandelte mit den Gothen
und entschloss sich, da die verlangte Summe von
dreitausend Pfund Gold und dreisigtausend Pfund Silber bei den Bürgern nicht ganz aufzutreiben war,
den fehlenden Rest durch den Schmuck zu ergänzen
der die Götterbilder noch umgab; wobei auch wie
derselbe Historiker mit Bitterkeit bemerkt, das goldene Standbild der Virtus eingeschmolzen wurde, und
mit ihr der lezte Rest altrömischer Mannhaftigkeit[341].

Deutlicher konnte sich die innere Erstorbenheit
des religiösen Bewusstseins der alten Welt nicht ma-
nifestiren; nur im Widerspruch gegen das neue zeigte
es noch einen Schein von Leben, sowie man es frei-
liess, narkotische Ohnmacht, die nichts anderes mehr
vermochte als unter idealischen Bildern die müde
Seele einzuwiegen in den Tod.

Es scheint darum in der That keine Übertrei-
bung zu sein, wenn christliche Stimmen aus dieser
Zeit den inneren und den äusseren Verfall des Hellenismus sehr nachdrücklich aussprechen: dass das
Heidenthum, seine Tempel und sein Cultus, wie die
Propheten es vorherverkündet, nun allmälig und eines
mit dem andern zerstört seien[342]; dass nur heimlich noch
und zur Nachtzeit die Anhänger des alten Glaubens

---

[341] Zosimus V, 40. 41. Sozomenus IX, 6. Nicephorus Callistus XIII, 35.
[342] Augustinus Epist. 137, 16 T. II p. 310, C: templa et simulacra
ritusque sacrilegi paulatim atque alternatim secundum praedicta
prophetica subvertuntur.

ihre Opfer und ihre Spenden darzubringen wagten; dass sie ihre Götterbilder ängstlich verbergen, damit sie nicht aufgefunden und zerbrochen würden [343]; dass die meisten der alten Tempel und Altäre gänzlich zerstört seien, so dass keine Spur davon mehr übrig [344]; dass auch in den Dörfern und auf den Höhen der Berge statt der heidnischen christliche Capellen ständen und die einsamen Cellen frommer Asceten die dem Gekreuzigten Loblieder sängen [345]. Ihr seht jezt, so redet Augustinus seine heidnischen Gegner an, die Göttertempel theils verfallen, theils zerstört, theils geschlossen, theils zu anderem Gebrauche verwendet, und die Götterbilder entweder zerbrochen oder verbrannt oder eingeschlossen oder zerstört; und dass die weltlichen Gewalten selbst, die einst um dieser Bilder willen die Christen verfolgten und tödteten, jezt, besiegt von den hingemordeten Christen, gerade gegen jene Götterbilder ihren Eifer und ihre Geseze gerichtet haben: ja dass das Haupt des ganzen Reiches, der Kaiser selbst, mit abgelegtem Diadem, am Grabe des Fischers Petrus betet [346]. In der

---

[343] Augustinus De consensu evangelistarum 1, 27: nunc certo quaerunt ubi se abscondant cum sacrificare volunt. vel ubi deos ipsos suos retrudant ne a Christianis inveniantur atque frangantur; und gleicherweise Theodoretus de Graec. aff. cur. 8, 33 p. 316 Gaisf.

[344] Theodoretus de Graec. aff. cur. 6, 87 p. 274 f. und 8, 68 p. 334.

[345] Theodoretus de Graec. aff. cur. 6, 87. 9, 28 f. und die historischen Thatsachen welche derselbe Theodoretus in seiner Historia religiosa anführt, namentlich c. 12. 13. 16. 17. 21. 28.

[346] Augustinus Epist. 232, 3 T. II p. 639, D: videtis simulacrorum templa partim sine reparatione collapsa, partim diruta, partim clausa, partim in usus alienos commutata; ipsaque simulacra vel confringi.

That eine denkwürdige Umwandelung wie kaum eine andere der uns bekannten Menschengeschichte. Doch wäre es sehr irrig zu glauben dass nun die gewaltsame Zerstörung des Heidenthums aufgehört, und man die Reste desselben in sich selbst habe zusammenfallen lassen; der systematische Vertilgungskampf mit den Waffen der Gesezgebung dauerte vielmehr noch über ein volles Jahrhundert lang ununterbrochen fort, ja die ärgsten schonungslosesten Edicte erfolgten erst während dieses Zeitraumes, und beweisen wie langsam Religionen sterben, und mit welcher Zähigkeit gerade alternde verkommene Völker an demjenigen festhalten, was mit ihnen selbst aus der Tiefe der Jahrhunderte heraufgewachsen, den Kern ihres geistigen Lebens bildet, und von dem sie darum nicht ablassen können ohne sich selbst aufzugeben. Scheint es doch auch hierin den Völkern wie den Individuen zu ergehen: nur in der Jugendfülle frischer Lebenskraft, wenn das physische Leben noch im Wachsthum steht, vermag der Einzelne einen tiefgreifenden inneren Kampf ungeschwächt zu bestehen, einen ihm lieben jugendlichen Irrthum gegen eine bessere männliche Wahrheit muthig aufzugeben und auf der neuen

---

vel incendi, vel includi, vel destrui; atque ipsas huius saeculi potestates, quæ aliquando pro simulacris populum Christianum persequebantur, victas et domitas, non a repugnantibus sed a morientibus Christianis, et contra eadem simulacra pro quibus Christianos occidebant, impetus suos legesque vertisse, et imperii nobilissimi eminentissimum culmen ad sepulcrum piscatoris Petri submisso diademate supplicare. Vergl. Sermo 381 T. V p. 1036, C: fundi preces imperatoris ad memoriam piscatoris; und Maximus Taurinensis Homil. 70 p. 226, C.

Bahn mit gleichem Muthe fortzuschreiten; und gleicherweise wie es scheint vermögen auch nur jugendkräf-
tige Völker grosse religiöse wie politische Revolutio-
nen ungeschwächt zu bestehen, ja aus ihnen gereinigt
und kräftiger als zuvor ihre Lebensbahn zu verfolgen.
Der alten Welt war dies nicht möglich.

Als nach dem Tode des Arcadius im Mai 408
die Regierung des morgenländischen Reiches an den
achtjährigen Sohn desselben, Theodosius den jüngern
d. h. zuerst an den Praefectus Praetorio Anthemius
gekommen war, den verständigsten und besonnensten
Staatsmann seiner Zeit[347], und darnach an Pulcheria,
die ältere Schwester des unmündigen Kaisers[348], trat
in Bezug auf die Ausrottung des Hellenismus, die ein
fester Regierungsgrundsaz geworden war, keine Änderung ein. Ein Edict aus Ravenna vom 26. Nov.
412 befahl, dass alle in den Städten Italiens noch
bestehenden, mit dem alten Cultus zusammenhängen-
den religiösen Genossenschaften aufhören, und dass
keinerlei Gebetfeste derselben mehr geduldet werden
sollten[349]; und drei Jahre später erliessen dieselben
Kaiser Honorius und Theodosius II. ebenfalls aus Ravenna am 30. August 415 an die Einwohner von Kar-

---

[347] Socrates VII prooem. p. 334, A. Vergl. Johannes Chrysostomus
Epist. 147 und Synesius Epist. 47. 49. 73. 118. und Catastasis
p. 301, C.

[348] Nicephorus Callistus XIV, 2 f.

[349] Codex Theodosianus XIV, 7, 3: collegiatos et vitutiarios et neme-
siacos, signiferos, cantabrarios et singularum urbium corporatos
simili forma praecipimus revocari . quibus etiam supplicandi inhi-
bendam facultatem esse etqs.

thago folgendes Decret[350]: Wir befehlen dass alle heidnischen Priester einer angemessenen Bestrafung unterworfen werden, wenn sie nicht bis zum ersten No-
vember die Stadt Karthago verlassen und in ihre Heimath zurückkehren; gleicherweise sollen alle heidnischen Priester in ganz Africa die Metropolitanstädte
verlassen und sich in ihre Heimath zurückbegeben.
Auch befehlen wir dass alle Liegenschaften, welche
der Irrthum der Alten für den Götterdienst bestimmt
hat, nach dem Decrete des seligen Gratianus[351], mit
unseren Krongütern sollen vereinigt werden, also dass
der Ertrag derselben von der Zeit an, wo der öffentliche Aufwand für den heidnischen Cultus inhibirt
worden ist, von den unrechtmässigen Inhabern dieser
Güter erhoben werde. Alles aber was davon entweder
die Freigebigkeit der früheren Fürsten oder unsere
Majestät bestimmten einzelnen Personen hat zukom-
men lassen, soll in deren Patrimonium für immer fest
verbleiben, und zwar nicht nur in Africa, sondern in
allen Provinzen unseres Reiches. Dasjenige aber was
wir durch mehrfache Erlasse der ehrwürdigen Kirche
zugesprochen haben (ein beträchtlicher Theil der alten Tempelgüter[352]), wird die christliche Religion mit

---

[350] Cod. Theod. XVI. 10, 20 und sehr abgekürzt im Codex Justiniani
I, 11, 5.

[351] Cod. Theod. XVI, 10, 7 vom 20. Aug. 381, oben Anm. 258.

[352] Pseudo-Prosper Aquitanus De promissis et praedictionibus dei III.
38. 2 p. 185, D: Honorius Theodosii minor filius .. templa omnia
cum suis adjacentibus spatiis ecclesiis contulit, simulque eorum
simulacra confringenda in potestatem dedit: und die ausführlichen
Zusammenstellungen bei Marangoni Delle cose gentilesche e pro-

Recht für sich in Anspruch nehmen: also dass jede
Ausgabe, die vormals für den Aberglauben bestimmt
war der mit Recht verdammt worden ist, und alle
Grundstücke welche die Fredianer, die Dendrophoren,
und die anderen heidnischen Professionen als ihre
Jahresrenten und für ihren Aufwand besessen haben,
nunmehr, nach Hinwegräumung jenes Irrwahnes, als
Erübrigungen unseres Hauses (compendia domus nostrae) betrachtet werden sollen. Die heiligen Schüs-
seln und Schalen welche ehemals bei den Opfern gedient haben zum Betruge der Menschen [353], sollen dem
öffentlichen Anblicke entzogen und nicht bei Tauf-
handlungen gebraucht werden, damit sie nicht den Ir-
renden zur Verlockung dienen. Auch sollen die Chiliarchen und Centonarier [354] und alle dergleichen Volks-
eintheilungen aufhören, also dass mit dem Tode bestraft werden soll, wer ein solches Amt mit Willen
antritt, oder auch wider Willen sich übertragen lässt.“

Der Sinn dieses Edictes, die vollständige Saecu-
larisation aller alten Tempelgüter in Africa, die Ver-
weisung der Priester aus den Städten, und die Con-

---

fane trasportate ad uso e adornamento delle chiese c. 51 ff. p.
253 ff.

[353] Ich emendire das Sinnlose: Sane quæ quondam sacratæ sacrificiis
deceptionem hominum praestiterunt, in: Lances quæ quondam cett.
und verstehe darunter die kostbaren silbernen Opferschalen (Plinius
XXXIII, 11, 145 f.), die um kein Ärgernis zu geben — eingeschmolzen wurden, ganz so wie wir es bei einer anderen Saecula-
risation erlebt haben!

[354] Über die Centonarii und Dendrophori vergl. Cod. Theod. XIV, 8.
Die Chiliarchen und Centonarier scheinen sich auf Volkseinthei-
lungen zum Zwecke des proscribirten Cultus zu beziehen.

finirung derselben in ihrer Heimath, kann nicht zweifelhaft sein; ebensowenig der Erfolg der Maasregel,
dass dadurch nothwendig die öffentliche Ausübung
der alten Religion unmöglich gemacht wurde. Dass
beide Edicte in ihrer Ausführung keinen Widerstand
gefunden, ist ein unzweideutiger Beweis der inneren
Schwäche derjenigen gegen welche sie gerichtet waren. Nur in einer Stadt der morgenländischen Provinzen des Reiches ereignete sich gerade in dieser
Zeit ein blutiger Hader zwischen den Anhängern des
alten und des neuen Glaubens, in Alexandrien, dessen
Bewohner von jeher zu Aufruhr und Blutvergiessen
geneigt, und wegen ihres Africanischen Fanatismus
übel berüchtigt waren[355]. Dort nemlich war der Bischof Cyrillus, des Theophilus Schwestersohn und
Nachfolger, der über sein Priesterthum hinaus, auch
nach der politischen Herschaft strebte[356], deshalb mit
dem kaiserlichen Statthalter Orestes in Streitigkeiten
gerathen; die so weit giengen, dass Orestes durch einen
Haufen von fünfhundert Mönchen, die aus den Ber-
gen von Nitriae zur Unterstützung des Cyrillus in
die Stadt gezogen kamen, auf offener Strasse mit
Steinwürfen verfolgt und fast getödtet worden wäre.
Mit diesem Orestes nun, den man deshalb auch als
einen Opferer und Heiden schmähte ohngeachtet er
öffentlich erklärt hatte, dass er ein Christ und in Con-

---

[355] Ammianus Marcellinus XXII, 11, 4. Socrates VII, 13 p. 349, B.
Evagrius II, 8 p. 299, B. C.

[356] Socrates VII, 7: παρὰ τῆς ἱερατικῆς τάξεως καταδυναστεύειν
τῶν πραγμάτων, und VII, 11: τῆς ἐπισκοπῆς πέρα τῆς ἱερωσύνης
ἐπὶ δυναστείαν προελθούσης.

stantinopel von dem Bischof Atticus getauft sei, stand
die heidnische Philosophin Hypatia, des Mathemati-
kers Theon Tochter, die geachtetste Frau der Stadt,
die einstimmig als ein Muster jungfräulicher Tu-
gend und liebenswürdiger Weisheit gepriesen wird[357],
in freundschaftlicher Beziehung. Und da verbanden
sich wie es scheint der politische Hass gegen den
Statthalter, der Religionshass gegen die Heidin, und
scheelsüchtiger Neid über den Ruhm und die allgemeine Hochachtung welche die Philosophin genoss,
um sie zu verderben. Sie, so streute man unter der
christlichen Bevölkerung aus, sie sei die Ursache dass
der Statthalter nicht des Bischofes Freund sei; und
um dies Hindernis wegzuräumen, passen ihr an einem
unheilvollen Tage in der Fastenzeit des Jahres 415
die Fanatiker unter Anführung des Lectors Petrus den
Weg ab, reissen sie aus ihrem Wagen, schleppen sie
in die grosse Kirche (basilica Caesarea), zerstückeln
dort mit Austerschalen gliedweise die nackte Leiche
der Ermordeten, und verbrennen sie dann: eine That
die, nach des ehrlichen Sokrates Ausdruck, dem Cyrillus und der Alexandrinischen Kirche keine geringe
Schande gebracht hat[358].

---

[357] An sie, »seine Mutter, Schwester, und Lehrerin, seine δέσποινα
μακαρία und θειοτάτη ψυχή« sind auch die schönen Briefe des
trefflichen Synesius Epist. 10. 15 f. 80. 124. 153 gerichtet.

[358] Nach der übereinstimmenden Erzählung des Heiden Damascius bei
Suidas v. Ὑπατία T. II p. 1312 ff. und der Christen Socrates VII,
14. 15. Philostorgius VIII, 9. Hesychius Milesius de his qui
eruditione claruerunt 67. Theophanes p. 128, 3. Johannes Malalas p. 359, 12. Nicephorus Callistus XIV, 14 ff. Wernsdorf

Wäre Hypatia eine Christin gewesen und von
Heiden ermordet worden, sie würde als Märtyrerin
im Andenken der Nachwelt fortleben; doch auch als
Heidin für eine untergehende Religion gestorben zu
sein, sichert ihr die Theilnahme aller, welche die
subjective Hoheit des menschlichen Gemüthes auch
an Gegnern zu ehren verstehen. Auf die weiteren
Maasregeln gegen die Anhänger des Hellenismus
konnte ihr Tod freilich keinen Einfluss üben. Zwei
kaiserliche Decrete der folgenden Jahre, vom 10. Dec.
416 und vom 10. Apr. 417 verordneten: dass kein
Heide weder in der Armee eine Officierstelle erlangen, noch in der Administration oder in der Justiz
irgend eine Ehrenstelle bekleiden [359]; ferner dass kein
Heide einen christlichen Sklaven besitzen dürfe, und
wenn dies dennoch der Fall, der Sklave sofort seine
Freiheit erlangen, der Besitzer aber dreisig Pfund
Strafe an den kaiserlichen Privatschatz bezahlen
solle [360]. Und obgleich dann, in seltsamer Ironie gegen diese Erlasse, der Kaiser Theodosius selbst einige
Jahre später (421) eine schöne Heidin sich vermälte
und zur Kaiserin erhob, nachdem sie vorher die Taufe
empfangen hatte, des Athenischen Philosophen Leon-
tios Tochter Athenais-Eudocia [361]: so trat doch auch

De Hypatia, Vitenberg 1747 f. Gibbon p. 1667. Krabinger über
Synesios von Kyrene, in dem Bulletin der Münchener Akademie
der Wiss. 1849 Nro. 32 p. 264.

[359] Cod. Theod. XVI, 10, 21.

[360] Cod. Justiniani I, 10, 2.

[361] Socrates VII, 21. Theophanes 1 p. 129 f. Chronicon Paschale p.
576 ff. Constantinus Manasses Compend. 2594 ff.

in Folge dieser persönlichen Beziehung in den Regierungsgrundsäzen so wenig eine Änderung ein, dass
vielmehr am 11. April 423 von neuem der Befehl
ergieng, gegen die etwa noch vorhandenen Heiden
nach der ganzen Strenge der bestehenden Geseze zu
verfahren. Die Heiden welche noch übrig sind, so
lautet das Edict, obgleich wir glauben wollen dass
keine mehr da sind, soll man durch die Vorschriften
der seit lange publicirten Geseze im Zaume halten[362].
Da aber nunmehr eintrat was unter ähnlichen Verhältnissen nach den Fehlern der menschlichen Natur
überall sich wiederholt, dass von den Herschenden
die Unterdrückten vielfach mishandelt wurden, so
sahen sich dieselben Kaiser schon nach zwei Monaten am 10. Juni 423 zu folgendem Rescripte genöthigt: Den Christen die es in Wahrheit sind und die
sich so nennen, empfehlen wir es nachdrücklich, dass
sie sich nicht unterstehen sollen das Ansehen welches
ihre Religion geniesst zu misbrauchen, und an die
Juden und Heiden, die sich ruhig verhalten und
nichts Aufrührerisches und Gesezwidriges unternehmen, Hand anzulegen. Denn wenn sie gegen die
Friedfertigen Gewalt gebraucht oder sich an ihren
Gütern vergriffen haben, so sollen sie nicht blos das
Geraubte, sondern wenn sie dessen überführt sind,
das Dreifache und Vierfache des Geraubten zu erstatten gezwungen werden; und die Rectoren der Provinzen und ihr Amtspersonale und die Vorsteher der

---

[362] Cod. Theod. XVI, 10, 22: paganos qui supersunt, quanquam
jam nullos esse credamus, promulgatarum legum jam dudum praescripta compescant.

Städte sollen wissen, dass wenn sie jenen Unfug gestatten, sie selbst ebenso bestraft werden sollen wie die
Thäter. Die Heiden aber, wenn es ihrer noch giebt
die über heillosen Götzenopfern ergriffen werden.
sollen, obgleich sie dem Tode verfallen wären, mit
Einziehung ihres Vermögens und mit Verbannung bestraft werden[363]. Und dass dieses Gesez in der That
nothwendig war, beweisen die wiederholten Predigten
des Augustinus gegen diejenigen welche unter dem
Vorwande der Religion die Heiden beraubten: Wenn
du als Christ die Heiden beraubest, so hinderst du
sie Christen zu werden[364]! Auch ihre Götterbilder zu
zerstören, gezieme den Christen nur dann, wenn die
Obrigkeit selbst dazu auffordere; vorläufig solle jeder
darauf ausgehen, die Idole in den Herzen der Menschen zu zerbrechen, denn wenn diese erst Christen
geworden, werde der äusserliche Cultus leicht abge-
than sein: bis dahin aber müssen wir für sie beten,
nicht ihnen zürnen[365]. Auch dieser angedeutete Befehl der Obrigkeit aber erfolgte dann in dem kate-
gorischen Edicte vom 14. Nov. 435, dem lezten der
Art welches die Theodosianische Gesezsammlung ent-

---

[363] Cod. Theod. XVI. 10, 23. 24 und Cod. Justiniani I, 11, 6.

[364] Augustinus Serm. 179, 5 T. V p. 592, B: cum enim Christianus
spolias paganum, impedis fieri Christianum. Etiam et hic fortasse
respondebis adhuc, Ego non odio poenam ingero, sed dilectione
potius disciplinae: ideo spolio paganum ut per hanc asperam et
salubrem disciplinam faciam Christianum. Audirem et crederem,
si quod abstulisti pagano, redderes Christiano! Vergl. Epist. 47,
3 T. II p. 84. C.

[365] Augustinus Serm. 62. 17 T. V p. 254, E. Vergl. Prudentius adv.
Symmachum II. 249 ff.

hält. Alle gottlosen Thieropfer, so lautet es, und was sonst durch die älteren Gesezesbestimmungen verboten ist, untersagen wir hiemit nochmals und befehlen, dass alle Heiligthümer, Tempel, Capellen, wenn deren jezt noch irgendwo erhalten sind, nach Vorschrift der Magistrate zerstört und durch Aufrichtung des heiligen Kreuzes entsündigt werden sollen; und thun hiemit jedermann kund und zu wissen, dass wer diesem Geseze erwiesenermaasen zuwiderhandelt, mit dem Tode bestraft werden soll[366]. Und wie man früher als die herschende Staatsreligion die heidnische war, alle Übel des Reiches den Christen schuld gab, und als eine Strafe der Götter ansah für die Vernachlässigung ihres Cultes; so wurden jezt als das Christenthum die herschende Staatsreligion geworden war, wenn ähnliche Naturübel eintraten, böse Witterung Miswachs Hungersnoth Pest, diese in öffentlichen Erlassen den Juden und Heiden schuld gegeben, und als eine Folge des göttlichen Zornes über die Irrgläubigen und Ungläubigen betrachtet[367].

Über die weiteren Schicksale des Hellenismus bis zu der gewaltsamen Zerstörung seiner lezten Zufluchtstätte in Athen haben sich, verhältnismässig zu den bisherigen, nur wenige Nachrichten erhalten. Die grossen politischen Erschütterungen des Reiches durch

---

[366] Cod. Theod. XVI, 10, 25. Theodoretus V, 37 p. 243, A. und die wie es scheint hierauf sich beziehenden nachdrücklichen Aufforderungen (de idolis auferendis de propriis possessionibus) des Bischofes Maximus Taurinensis Serm. 96. 97 p. 655 ff.

[367] Wie in einem Decrete vom J. 438 in den Nov. Theodosii Tit. III. §. 8 geradezu ausgesprochen ist.

die massenhaften Einbrüche der Barbaren während
des ganzen fünften Jahrhunderts: die Gründung der
Vandalenherschaft in Africa, des Burgundischen und
des Westgothischen Reiches in Gallien, die Schrecken
der Hunnischen Macht, das Vordringen der Lango-
barden, Franken, Sueven, die Besetzung von Dacien
und Pannonien durch die Gepiden und Ostgothen, die
Plünderung Roms durch Geiserich, endlich die Ver-
nichtung des ganzen abendländischen Reiches: alle
diese Todeskämpfe der alten und die damit gleich-
zeitigen Geburtswehen der neuen Zeit mussten nothwendig die gesezgeberische Thätigkeit während dieser Stürme unterbrechen, bis sie ein Jahrhundert später zur Ordnung der neuen Verhältnisse, durch das
praktische Bedürfnis geboten, mit erneuter Kraft unter Justinianus wiederbegann.

Wie das christliche Bewusstsein inmitten jener
Katastrophe selbst, unter dem unmittelbaren Eindruck
der Thatsachen, diese aufgefasst hat, beurkundet die
treffliche Schrift des Gallischen Presbytes Salvianus d e
gubernatione dei, worin gezeigt wird: dass Gott
in der That die Welt und zwar gerecht regiere, und
eben darum das sittlich verdorbene Römerreich von
zwar barbarischen aber sittlich besseren Völkern habe
überwältigen lassen, um aus diesen eine neue frische
und bessere Generation zu erziehen [368]. Fast die ganze
Christenheit, sagt er, wie unähnlich dem was sie
einst gewesen, ist ein Pfuhl von Lastern geworden [369]:

---

[368] Salvianus IV. 12. 13. 14. 17. VII, 15.

[369] Salvianus VI, 1: quam dissimilis est nunc a se ipso populus Chri-

die Massen feige und genussbegierig, der Handelstand
betrügerisch und voll falscher Eide, die Beamtenwelt
tyrannisch, die Richter käuflich und ungerecht, ihr
Amtspersonale verläumderisch, die Soldaten Räuber,
und auch unter den Reichen und dem Adel fast keiner
der nicht durch Ehebruch, Mord und Todtschlag befleckt wäre[370]. Wiederholt verwüstet wurde Italien,
belagert und erobert selbst Rom: aber seine Laster
hat das Volk nicht abgelegt; überfluthet von Barbaren wurde Gallien, die schlechten Sitten der Gallier
aber sind geblieben nach wie vor; in Spanien dran-
gen die Vandalen ein, alles wurde verändert, nur
die allgemeine Verdorbenheit nicht. Über das Meer
dann sezten die Barbaren, eroberten und verwüsteten
die Kornkammern des Reiches, Sardinien und Sici-
lien, und zogen weiter nach Africa hinüber: und
auch dort die gleiche Unverbesserlichkeit. Während
der Waffenlärm der Feinde die Mauern von Cirta
und Karthago umtoste, sass die christliche Bevölkerung dieser Städte vergnüglich im Circus und im
Theater: während die draussen durch das Schwert
fielen, schwelgten die drinnen in allen Lüsten des
Lasters[371]. Das ganze Römerreich ist morsch und
faul, im Angesichte der Knechtschaft spielen, gegenüber dem Tode lachen wir noch[372]: kein Wunder

---

stianus, id est ab eo qui fuit quondam. III, 9: quid est aliud
paene omnis coetus Christianorum quam sentina vitiorum?

[370] Salvianus III, 10. V, 4.

[371] Salvianus VI, 12.

[372] Salvianus VII, 1: totus Romanus orbis et miser est et luxuriosus;
in metu captivitatis ludimus et positi in mortis timore ridemus.

dass das Reich, rettungslos verloren, in den lezten
Zügen liegt, und endlich erdulden wird was es längst
verdient hat[373]. Die Vandalen sind es welche Spanien
und Africa von der Pest der Unzucht und gänzlicher
Versunkenheit gereinigt haben[374]; die Gothen sind
zwar ketzerisch, aber keusch, sie dulden keinen Ehe-
brecher unter sich[375]; die Franken lügenhaft, aber
gastfrei; die Sachsen wildherzig, aber von bewunde-
rungswürdiger Züchtigkeit: alle diese barbarischen
Stämme haben neben eigenthümlichen Fehlern auch
eigenthümliche Vorzüge; wir Römer aber nur Laster[376]: weshalb unsere Länder mit Recht in die Gewalt der Barbaren gegeben sind, damit sie durch
diese gereinigt werden[377].

Ganz aufgehört aber hat auch in dieser drang-
salvollen Zeit die legislatorische Thätigkeit gegen die
Reste des Heidenthums nicht; vielmehr traten ihm,
wo immer es sich geltend machte innerhalb der Römischen Welt, die Gesezgebung und die Verwaltung

---

[373] Salvianus IV, 6: Romana res publica vel jam mortua, vel certe
    extremum spiritum agens. Ebenso VI, 8. 18. und VII, 20: ut
    minime mirum sit si Romana res publica aliquando patitur quod
    jam dudum meretur.

[374] Salvianus VII, 7. 20. vergl. VII, 15 ff.

[375] Salvianus VII, 6: esse inter Gothos non licet scortatorem Gothum.
    VII, 15: Gothorum gens perfida sed pudica est.

[376] Salvianus VII, 15: Franci mendaces sed hospitales; Saxones cru-
    dilitate efferi sed castitate mirandi, omnes denique gentes habent
    sicut peculiaria mala ita etiam quaedam bona.

[377] Salvianus VII, 6: et miramur si terrae .. nostrorum omnium a
    deo barbaris datae sunt, cum eas quas Romani polluerant forni-
    catione, nunc mundent barbari castitate?

consequent entgegen, auch unter den schwächsten Kaisern; ja es finden sich gerade in der zweiten Hälfte des fünften Jahrhunderts, kurz vor dem Erlöschen des alten Glaubens, noch verhältnismässig viele Märtyrer desselben. Ein Edict vom 17. Februar 449 befahl, dass alles was Porphyrius und andere gegen die christliche Religion geschrieben haben, dem Feuer solle übergeben werden[378]; und als in der vielfachen Noth dieser Jahre an vielen Orten des Reiches unter anderem was helfen sollte, auch der alte Opfercultus wieder versucht wurde, erneuerten sogleich beide Kaiser, der elende Valentinianus III. und der rüstige Marcianus, dem Pulcheria ihre Hand und den Thron geschenkt hatte, aus Rom wie es scheint, am 14. Nov. 451 das alte Strafgesez[379]: Niemand soll um darin anzubeten die längstgeschlossenen Göttertempel wiederöffnen. Fern sei von unserem Zeitalter, dass den verdammungswürdigen Götterbildern die frühere Ehre wiedergegeben, dass die Tempelthüren wieder mit Blumen bekränzt, das unheilige Feuer der Altäre wiederangezündet, auf denselben wieder Weihrauch verbrannt, dass Opferthiere geschlachtet, Wein libirt, und als Religion geachtet werde was Sacrilegium ist[380].

---

[378] Codex Just. I, 1, 3.

[379] Cod. Just. I, 11, 7.

[380] Selbst die christlichen Consuln begiengen damals noch die alten heidnischen Augurien, wie Salvianus De gubern. dei VI, 2 bezeugt, und VI, 11 dass noch zu seiner Zeit: colitur et honoratur Minerva in gymnasiis, Venus in theatris, Neptunus in circis, Mars in arenis, Mercurius in palaestris etqs. Und gleicherweise klagt Maximus Taurinensis (gest. 466) Homil. 16 p. 46 f. Hom. 21 p. 62, C. Hom. 103

Wer aber gegen diese unsere Sanction und gegen die
Interdicte der alten Constitutionen Opfer zu begehen
versucht hat, der soll vor dem öffentlichen Richter
wie das Gesez es verlangt angeklagt werden, und wenn
er eines solchen Verbrechens schuldig befunden ist,
mit der Confiscation aller seiner Güter und dazu mit
dem Tode bestraft werden. Auch die Mitschuldigen
des Verbrechens und die Gehilfen der Opfer sollen
dieselbe Strafe erleiden, damit jedermann durch die
Strenge dieses Gesezes und aus Furcht vor der Strafe
ablasse von diesen verbotenen Opfern. Wenn aber
der Rector der Provinz nach geszlich erhobener An-
klage die Schuldigbefundenen zu bestrafen unterlässt,
so soll er selbst alsogleich in eine Geldstrafe von fünfzig Pfund verfallen, und in andere fünfzig Pfund sein
Amtspersonale.

Ja auch die folgenden Kaiser Leo I. und der von
ihm ernannte Anthemius fanden für nöthig noch um
das Jahr 467 ein Edict zu erlassen, welches im Wesent-
lichen die fünfundsiebenzig Jahre früher von Theodosius I. erlassenen Strafbestimmungen[351] wiederholte,
nemlich: Wer immer dasjenige was den Anhängern
des heidnischen Aberglaubens schon öfter untersagt
worden sei, zu unternehmen wage, begehe damit ein
öffentliches Verbrechen (crimen publicum committit).
Solche Unthaten aber sollten dadurch abgeschnitten

---

p. 343 f. Serm. 6 p. 409 ff. über die heidnische Feier des Neu-
jahres und die dabei vorkommenden Vermummungen und unzüchtigen Gebräuche.

[351] Cod. Theod. XVI. 10. 12 oben S. 108. 109.

werden dass, wenn auch auf einem fremden Grundstücke oder in einem fremden Hause so etwas begangen werde mit Wissen der Eigenthümer, dieses Grund-
stück oder Haus dem Aerar zufallen solle; die Eigenthümer aber bloss weil sie wissentlich geduldet dass
ihre Besitzungen durch solche Verbrechen befleckt
worden seien, sollten wenn sie eine Civil- oder Mi-
litärstelle bekleideten, mit deren Verlust und mit der
Confiscation ihrer Güter bestraft werden; wenn sie
aber Privatleute oder Leute plebeischen Standes seien,
nach körperlicher Züchtigung zu den Bergwerken
oder zu ewiger Landesverweisung verurtheilt werden [382].

Dass jedoch auch dieses Gesez geschrieben stren-
ger war als im Leben, beweist folgender Vorfall der
unmittelbar darauf sich ereignete. Denn in demselben Jahre 467 wurde der Quaestor und Philosoph
Isokasios zu Antiochien bei dem Kaiser Leo als Heide
denuncirt und sofort zur Verantwortung gezogen [383].
Als er aber in Constantinopel gebunden vor den Praefecten Pusaeos gebracht und von diesem mit den Wor-

---

[382] Cod. Just. I, 11, 8. In derselben Zeit soll einem Maler, der sich
erlaubt hatte das Bild Christi nach dem Typus des Zeus zu ma-
len, die Hand verdorrt, und erst als er sein Vergehen bekannt, auf
das Gebet des Gennadios wieder geheilt sein: Theodorus Lector
Hist. eccles. I p. 554, A und aus ihm Theophanes T. I p. 174,
14 ff. und Leo Grammaticus p. 114.

[383] Ein Verbrechen des Opferns oder dergl. wird dabei nicht angegeben,
sondern nur dass Isokasios Heide war; das aber war ja nicht verboten: warum also seine intendirte Bestrafung? hatte er etwa seine
Religion verheimlicht, da er als Heide nicht hätte Quaestor werden können?

ten angeredet wurde: da siehst du, Isokasios, in welchem Zustande du bist! erwiderte er: ich sehe es und
verwundere mich nicht, denn ich bin als Mensch in
menschliche Schicksale gefallen; du aber urtheile jezt
über mich wie du einst mit mir geurtheilt hast. Worauf das Volk zujauchzend den Kaiser hoch leben,
und dieser den Mann in seine Heimath gehen liess[384].
Gleicherweise wird uns von Proklos dem bekannten
Neuplatoniker berichtet dass, als einst in Athen ein
Sturm der Christen sich gegen ihn und seine Anhänglichkeit an den alten Cultus erhoben, er dennoch
standhaft demselben angehangen und nachgelebt, auch
nach Asien gezogen sei, und die dortigen Hellenen an
der väterlichen Religion festzuhalten gelehrt habe[385].
Erst unter einem der folgenden Kaiser, dem unwis-
senden, habsüchtigen, grausamen und allen Lüsten
fröhnenden Isaurier Zenon (reg. 474 — 491) begegnen
uns einige blutige Martyrien von Philosophen Grammatikern und Rechtsgelehrten. Der Neuplatoniker
Hierokles soll als er einst den Christen in Constantinopel, man weiss nicht warum, Anstoss gegeben hatte,
und deshalb vor Gericht gezogen und unmensch-
lich gegeisselt wurde, seines Blutes eine Hand voll
aufgefasst und seinem Richter ins Angesicht geschleu-
dert haben mit dem Homerischen Verse: da, Kyklop,
trink Wein, da du Menschenfleisch auch ja gefres-

---

[384] Theophanes T. I p. 178, 6 ff. Johannes Malalas p. 369 ff. Chronicon Paschale p. 595 f. Cedrenus T. 1 p. 612 f. Constantinus
Manasses Compend. 2864 ff.

[385] Marinus in vita Procli 15.

sen [386]! Der Grammatiker Pamprepios ferner, des Proklos Schüler und wie dieser ein entschiedener Anhänger des Hellenismus, kam unter der Regierung des
Zenon, bei dem er anfangs viel galt, von Athen nach
Constantinopel, gerieth aber seiner geheimen Wissenschaft wegen bald in den Verdacht der Magie, und
wurde vorzüglich auf Anstiften der Gemalin des Kaisers, Verina, aus der Stadt vertrieben und zulezt als
Rebell hingerichtet [387]. Und in derselben Zeit sei auch
ein anderer Schüler des Proklos, der Rhetor und Rechts-
gelehrte Severianus aus Damascus, ein übermässig
eifriger Anhänger des Hellenismus, nachdem der Kaiser ihn .vergeblich aufgefordert, zum Christenthum
überzugehen, in grosse Gefahr gerathen [388].

Bald nach diesen Vorkommnissen trat dann, und
zwar gleichzeitig in Italien und in Griechenland die
lezte Katastrophe des Hellenismus ein. Im Jahre 494
verbot in Constantinopel der Kaiser Anastasius I. die
noch immer bestehenden blutigen Menschen- und
Thierwettkämpfe im Amphitheater, und alle unzüchtigen Schauspiele in den Theatern [389]; und in demselben Jahre schaffte in Rom der Bischof Gelasius I.,
unter heftiger Opposition der theilweise auch dafür
noch bestehenden Sympathien, das altheidnische Rei-
nigungsfest der Lupercalien ab, und sezte statt ihrer

---

[386] Damascius bei Suidas v. Ἱεροκλῆς p. 953 f.

[387] Malchus und Damascius bei Suidas v. Παμπρέπιος p. 31 ff. und
Theophanes Chronogr. p. 201, 13 ff.

[388] Damascius bei Suidas v. Σεβηριανός p. 695 ff.

[389] Theophanes Chronogr. T. I p. 221, 12. Procopius Gazaeus Panegyr. 15. 16. und Priscianus Panegyr. 223 ff.

das christliche Fest Mariae Reinigung ein[390]. Wenige
Jahre später (500) nahm auch das zu Rom erlassene
Edict des Königes Theodorich die Bestimmung auf:
dass wer über heidnischen Opfern oder als Wahrsa-
ger und Todtenbeschwörer betroffen werde, mit dem
Leben büssen, und dass alle der Magie Ergebenen.
wenn sie den höheren Ständen angehörten mit dem
Verluste ihres Vermögens und mit ewiger Verbannung,
wenn sie niederen Standes wären mit dem Tode sollten
bestraft werden[391]. Endlich im J. 529 zerstörte der
heil. Benedict auf Monte Casino den lezten Apollontempel mit dem dazu gehörigen Haine, in welchem
die umwohnende Landbevölkerung nach alter Weise
zu opfern pflegte, und gründete an dessen Stelle den
heil. Johannes und Martinus Capellen, und das Mut-
terkloster des berühmten Ordens[392], an dessen Namen
ein grosser und ein guter Theil der christlichen Culturgeschichte Europas geknüpft ist; und in demselben
Jahre 529 hob der Kaiser Justinianus die Philoso-
phenschule in Athen auf. Dort nemlich bestand noch

---

[390] Gelasius in der Epistola ad Andromachum, in Carafa's Epist. de-
cret. summ. pontif. T. I P. 2 p. 410 ff. und in Baronii Annal. eccles.
VI p. 522; Beda De temporum ratione 10 (Op. T. II p. 65 der
Cölner Ausg. von 1688), und aus ihm Hildephonsus Toletanus in
Maxima bibl. patrum XII p. 589. F. G.

[391] Theodorici regis edictum c. 108: si quis pagano ritu sacrificare
fuerit deprehensus, arioli etiam atque umbrarii si reperti fuerint,
sub justa aestimatione convicti, capite puniantur; malarum artium
conscii id est malefici, nudatis rebus omnibus quas habere possunt.
honesti perpetuo damnantur exilio, humiliores capite puniendi sunt.

[392] Gregorius M. Dial. II. 8 Op. T. II p. 230. C. und Leo Ostiensis
in Muratori's Script. rer. Ital. IV p. 200.

immer die von Platon gegründete, an den fideicom-
missarischen Besitz seines Hauses und seines Gartens
geknüpfte Akademie, deren Stiftungsvermögen im Laufe
der Jahrhunderte durch fromme Vermächtnisse sich so
bedeutend vermehrt hatte, dass die jährlichen Einkünfte des Diadochen, die anfangs nur zu drei Gold-
stücken geschätzt wurden, zulezt auf mehr als tausend
Goldstücke gestiegen waren[393]. Da Athen das Hellas
in Hellas[394], Platon unter allen alten Denkern der
am meisten hellenische, und seine Philosophie die
schönste Gestalt des Griechenthumes ist, so war es
natürlich und gerecht, dass so lange dieses sich erhielt, der Platonismus sein geistiger Mittelpunkt blieb;
dass von hier aus der lezte Principienkampf der alten gegen die neue Religion geführt; und dass erst
nachdem dieser Herd zerstört war, der Hellenismus
als erloschen betrachtet werden konnte. Dass diese
Zerstörung so spät eintrat, erst dann, als in der That
in Athen nichts Heiliges mehr war als die berühmten
Namen der Orte[395], ist eine glückliche Fügung; dass
aber zulezt auch diese Zerstörung eintreten musste,
eine nothwendige That des strengen ernsten Geistes,
der durch die Geschichte hindurchgeht, und vor dessen Majestät keine Form des irdischen Lebens ewig

---

[393] Damascius im Leben des Isidorus bei Photius Bibl. p. 346. A, 34
ff. und bei Suidas v. *Πλάτων* p. 297, 5 ff.

[394] Nach dem Ausdrucke des Thukydides in der Anthologia Palatina
VII, 45: Ἑλλάδος Ἑλλας Ἀθῆναι.

[395] Synesius Epist. 135 p. 272, A (geschrieben um das Jahr 402):
οὐδὲν ἔχουσιν αἱ νῦν Ἀθῆναι σεμνόν, ἀλλ᾽ ἤ τὰ κλεινὰ τῶν
χωρίων ὀνόματα.

besteht; weder das scheinbar Grosse irdischer Macht,
noch der Zauber irdischer Schönheit[396]. Als im Som-
mer 355 der nachmalige Kaiser Julianus und zugleich
mit ihm sein grosser Gegner Gregorius von Nazianz
in Athen studierten, machte dieser schon die treffende
Bemerkung: dass zwar Athen noch immer der Ruhm
von Hellas und der Sitz der Wissenschaften sei, welches auch ihm in Wahrheit als das goldene sich be-
währt und Schönes und Gutes geschenkt habe; zugleich
aber auch: dass die meisten in Athen studierenden
Jünglinge ihren heidnischen Lehrern blind anhien-
gen (σοφιστομανοῦσιν), und dass der Aufenthalt in
Athen und der Unterricht der dortigen Lehrer vielen christlichen Gemüthern zum Verderben gereiche,
da der hellenische Cultus dort eifriger als irgendwo
sonst in Hellas begangen werde, und auch die Lehrer nichts versäumten um die Herzen der Jugend dafür zu gewinnen[397]. Und dass dies auch später noch
der Fall war, beweisen die oben angeführten Schüler des Proklos, den man als den lezten Anker
der nationalen Religion verehrte[398]. Als darum der
Kaiser Justinianus gleich nach seinem Regierungsantritte, im Sinne der politischen Traditionen seiner

---

[396] J. Gœrres in dem Perthes'schen Vaterländ. Museum, Hamburg
1810 p. 154. Vergl. die Schilderung Athens im vierten Jahrhundert in Aethici Istrici Cosmographia §. 79 p. 59 Wuttke: urbs incli-
tissima Athenarum, erudita litteris, magistra legum, altrix juvenum,
tot luis oppressa, vallata humano cruore et rursus aeque recepta ..
qua urbe sicut nihil clarius ita nihil lugubrius.

[397] Gregorius Naz. Or. 43, 14. 15 p. 780, E. 781, E. 43. 21 p. 787,
A. B. und Carm. p. 636 und 1072: Ἑλλάδος εὖχος Ἀθῆναι.

[398] Marinus in vita Procli 29.

grossen Vorgänger Constantinus und Theodosius den
lezten Resten des Hellenismus ein Ende zu machen
beschloss, erliess er folgenden schonungslosen Befehl:
dass die kaiserlichen Magistrate sowol in der Hauptstadt als in den Provinzen, aus eigenem Antriebe und
auf Antrieb der Bischöfe, alle Gottlosigkeiten der
hellenischen Religion wie das Gesez es verlange untersuchen und bestrafen, und wo dieses über die Be-
fugnisse der örtlichen Behörden hinausgehe, an ihn
den Kaiser selbst Bericht erstatten sollten. Keinem
aber solle gestattet sein, weder in seinem Testamente
noch durch Schenkung, etwas zu hinterlassen oder
zu geben Personen oder Örtern zur Erhaltung der
hellenischen Gottlosigkeit, auch wenn dies nicht spe-
ciell ausgedrückt sei in den Worten der Willensmei-
nung, sondern nur von den Richtern der Wahrheit
gemäss so verstanden werden könne. Das also Hin-
terlassene oder Geschenkte solle vielmehr jenen Personen und Örtern weggenommen, und den Städten in
welchen jene Personen wohnen oder zu denen jene
Örter gehören, als Eigenthum zugesprochen, und wie
die übrigen städtischen Einkünfte verwendet werden[399].
Ein zweites noch härteres Edict bestätigt alle Strafen
die von den vorigen Kaisern zur Zerstörung des hellenischen Irrwahnes und zu Gunsten des rechten Glaubens verfügt worden seien, und schärft dieselben wiederholt ein, da man neuerdings wieder entdeckt habe,
dass noch immer heidnische Opfer und Feste gefeiert
würden. Wer nach Empfang der Taufe in dem hel-

---

[399] Codex Justiniani I, 11, 9 restituirt aus den Basiliken I, 1, 19.

lenischen Irrthum verharre, solle mit dem Tode bestraft werden; die aber die Taufe noch nicht empfangen hätten, sollten mit Weib und Kind und ihrer
ganzen Hausgenossenschaft in die Kirche gehen, sich
dort im christlichen Glauben unterrichten und dann
taufen lassen, und wer dies nicht thue, solle gar nichts
im Römischen Reiche erlangen und keinerlei Eigenthum, weder bewegliches noch unbewegliches besitzen können, sondern in Noth gelassen und dazu noch
in angemessener Weise bestraft werden. Auch verbieten wir dass diejenigen, die an dem Wahnsinne
der Hellenen krank sind, irgend eine Wissenschaft
lehren, damit sie nicht unter dem Vorwande zu lehren, vielmehr die Seelen verderben. Ebenso wenig
sollen sie von den öffentlichen Speisegeldern etwas
empfangen, auch wenn sie sich dabei auf ein kaiser-
liches Rescript oder auf ein pragmatisches Recht berufen. Wenn aber einer in unserem Reiche über Götzenopfern betroffen wird, der soll mit dem Tode bestraft werden [100].

Bisher hatte man sich immer noch gescheut direct zur Annahme des Christenthums zu zwingen, man
beschränkte sich darauf die Ausübung der hellenischen
Religion unmöglich zu machen, und überliess einem
jeden ob er Christ werden wolle oder nicht; hier zum
erstenmal wurde versucht, was von der Kirche immer
verboten worden ist [101], zur Annahme des Christenthums

---

[100] Cod. Just. I. 11, 10 restituirt aus den Basiliken 1, 1, 20.
[101] Vergl. oben Anm. 289. und Phillips Kirchenrecht §. 98. Hierauf,
auf dieses Zwingen zur Annahme der christlichen Religion bezieht sich

direct zu zwingen. Wie es sich aber mit jener Ent-
deckung der Anhänger des Hellenismus verhalten habe,
darüber erzählt ein Theilnehmer derselben näher Folgendes: Justinianus habe dem Johannes Bischof von
Asien aufgetragen eine Untersuchung anzustellen über
die Anhänger des Hellenismus, welche in Constantinopel
selbst noch im geheimen existirten. Und da habe man
nach sorgfältiger Nachforschung gerade unter den durch
Geburt, Reichthum und Bildung ausgezeichneten Ständen der Patricier, der Gelehrten und der Ärzte noch
viele Anhänger der alten Superstition entdeckt und
ergriffen. Einer derselben, der Patricier Phokas habe
darauf sich selbst durch Gift den Tod gegeben, worauf
der Kaiser befohlen habe, dass die Leiche ohne alle
Todtenehren in eine Grube geworfen, die übrigen
Heiden aber in die Kirche geführt werden sollten,
um dort durch den vorgenannten Bischof Johannes
unterrichtet und in die christliche Gemeinde aufgenommen zu werden [402]. Übereinstimmend damit
und das Angeführte ergänzend berichten Procopius,

---

auch was der gleichzeitige Simplicius in seinem Commentar zu
Epicteti Enchiridion p. 35. sagt von tyrannischer Gewalt die bis zur
Gottlosigkeit zwingen wolle, τυραννικὰς βίας μεχρὶ καὶ τοῦ ἀσε-
βεῖν ἀναγκαζούσας: wie Neander in seiner Kirchengeschichte III
p. 187 die Stelle mit Recht erklärt.

[402] Johannes Episcopus Asiae in Jos. Sim. Assemani Bibl. orient. T.
II p. 85. wo auch derselbe Johannes von sich erzählt, dass er im
J. 532 auf Befehl Justinians die Asiatischen Provinzen Karien,
Lydien, und Phrygien bereist, und dort siebenzigtausend Menschen
vom Heidenthum zum Christenthum bekehrt und getauft habe; worauf durch die Neubekehrten selbst einundvierzig, und auf Kosten
des kaiserlichen Aerars weitere fünfundfünfzig, im Ganzen sechs-
undneunzig Kirchen erbaut worden seien.

Johannes Malalas und andere: Justinianus habe im
Jahr 528 eine grosse Verfolgung der sogenannten
Hellenen angeordnet und die Güter derselben confis-
ciren lassen. Angeklagt und verfolgt worden seien
ausser dem Patricier Phokas auch Makedonios der
Exreferendarius, und Asklepiodotos der Expraefect,
der aus Furcht den Glauben annahm und starb, und
Pegasios aus Heliopolis mit seinen Kindern, und der
Quaestor Thomas und viele andere, so dass grosser
Schrecken entstanden sei. Und der Kaiser habe befohlen: es sollten die Anhänger des Hellenismus keine
öffentlichen Ämter bekleiden, sondern nur die orthodoxen Christen, die Haeretiker aber sollten sich aus
dem Römischen Reiche entfernen, wenn sie nicht innerhalb einer Frist von drei Monaten zum rechten
Glauben zurückkehrten[403]. Weiter wird uns dann berichtet: Justinianus habe im folgenden Jahre 529 ein
Edict nach Athen gesendet, dass niemand mehr dort
Philosophie lehren noch die Rechte erklären solle[404];
worauf die sieben lezten Athenischen Philosophen:
Damascius der Syrier, Simplicius der Kilikier, Eula-
mius der Phrygier, Priscianus der Lydier, Hermias
und Diogenes aus Phoenicien, und Isidorus der Ga-

---

[403] Procopius Hist. arc. 11 p. 76, 1 und ausführlicher Johannes Malalas XVIII p. 449 (und über eine spätere Verfolgung in den lezten Regierungsjahren Justinians p. 491, 18 ff.) Theophanes T. I
p. 276. Leo Grammaticus Chronogr. p. 125 und Cedrenus I p.
642, 16 und p. 647, 3 ff. Die Bestimmung dass alle Haeretiker
Heiden, Juden, Samaritaner von allen öffentlichen Ämtern und
Würden in der Civilverwaltung wie in der Armee ausgeschlossen
sein sollten, findet sich auch im Cod. Justiniani I, 5, 12.

[404] Johannes Malalas XVIII p. 451, 16 ff. Vergl. Procopius Hist. arc. 26.

züer: sogleich das Römische Reich verlassen hätten,
als ihnen der sichere Genuss ihrer bürgerlichen Stellung untersagt worden, falls sie die eingeführte Religion nicht annehmen wollten. Ausgewandert seien
sie dann nach Persien, wo wie sie geglaubt eine
Platonische Verbindung der Philosophie und des Kö-
nigthumes bestehen, und das Volk gerecht und mässig sein solle. Als sie aber dahin gekommen, hätten
sie alles anders gefunden: im Volke grosse Unsittlich-
keit, unter den Vornehmen Übermuth, und bei dem
Könige Khosroes zwar eine Neigung zur Philosophie,
aber gänzlichen Mangel an höherer Bildung und ein
beschränktes Festhalten an dem national Hergebrachten.
Sie hätten darum sehnsüchtig wieder zurückverlangt,
obgleich Khosroes sie gerne gehabt und bei ihm zu
bleiben aufgefordert habe. Doch hatten sie, so schliesst
Agathias, von ihrer Auswanderung jedenfalls den Vortheil, dass sie fortan nach ihrem Gutdünken leben
konnten. Denn weil damals gerade zwischen den
Römern und Persern ein Vertrag unterhandelt wurde,
so machte es Khosroes zu einer Bedingung des Frie-
dens, dass die Männer in ihre Heimath zurückkehren
und künftig ungestört leben dürften, ohne genöthigt
zu werden anzunehmen was gegen ihre Überzeugung
laufe oder den väterlichen Glauben zu verändern [405].

Das Stiftungsvermögen der Platonischen Akademie aber blieb, wie es scheint, confiscirt, und die

---

[405] Agathias Hist. II, 30 und die treffliche Abhandlung von Zumpt
über den Bestand der philos. Schulen in Athen und die Succesion
der Diadochen, in den philol. hist. Abhh. der Berliner Akademie
der Wissenschaften vom J. 1842 p. 27 ff.

Schule nach neunhundertjährigem Bestande für immer geschlossen.

Summa: In den Anfängen des hellenischen Lebens war es die Religion, welche den entwicklungsfähigen Keim seiner ganzen späteren Bildung enthielt; auf der Höhe des nationalen Lebens in den Perserkriegen war sie es, die den gewaltigen Kampf mitgekämpft und den ersten Antheil an der Siegesbeute erhalten hat; und als es Abend wurde in dem Lebenstage des Volkes, haben an ihr nationale Herzen sich noch zu erwärmen versucht: sie auch war es, die der Abendröthe des Hellenismus ihren lezten Zauber verlieh. Und gleicherweise ward die den jugendkräftigen germanischen Stämmen eingepflanzte christliche Weltreligion fortan das Centrum ihres geistigen Lebens, und hat mit der Kraft eines höheren Naturgesezes überall wo sie hinwirkte neue Staaten und eine neue Kunst und Wissenschaft hervorgebracht; ja auch heute noch ist das Beste und Schönste im europäischen Völkerleben an sie geknüpft; und wenn das drohende Schicksal der Zukunft sich erfüllen, und die verhängnisvolle Stunde eines lezten grossen Völkerkampfes in Europa kommen wird, so kann es keinem verständigen Zweifel unterliegen, dass auch hierin der endliche Sieg nur da sein wird, wo die grössere Kraft des Glaubens herscht.

Druckfehler.

S. 41 Z. 1 des Textes v. u. lies: und wo wird dann dein Palladium sein.